遇見 *Siraya*

西拉雅‧繽紛藝境

臺南再發現

遇見！西拉雅
在鄉遇的瞬間，發掘感動領略溫度

西拉雅族長久以來一直在這片土地生活著，
儘管時代遞嬗，那份人文風韻依然緩緩流傳。

西拉雅國家風景區是國內 13 座國家風景區中，第一個以人文命名的國家風景區，轄區幅員廣闊，涵蓋臺南市 14 區、嘉義縣 2 鄉，地形以丘陵為主體，以鄉村旅遊為推廣主軸，本處自 2005 年成立至今，持續推廣「繽紛藝境旅遊線」、「浪漫美湯路線」、「歡樂鄉野旅遊線」三條旅遊軸線，分享山水景色、人文風情。

2020 年 8 月，西拉雅國家風景區管理處行政中心暨官田遊客中心於官田竣工落成，佔地約 11 公頃，園區景觀以「鄉村聚落」及西拉雅族元素融入進嘉南平原之地景意象打造而成，建築配置延續西拉雅族傳統聚落面向水域之特色設計，肩負轄區旅遊軸線串聯樞紐之重任。

以官田遊客中心為基點，西拉雅國家風景區「繽紛藝境旅遊線」串聯臺 20、臺 20 乙、南 168 線道及周邊地區帶狀觀光 (臺南市大內區、山上區、新化區、左鎮區、南化區、玉井區範圍內)，孕育豐富自然、人文、歷史、產業特色，我們以書為策展空間，帶領讀者跟著溫士凱老師的文字脈絡及陳耀恩攝影師鏡頭視角，發掘西拉雅的美，從人心、從文化、從建築、從藝術、從飲食、從地景等等，展開一場美學行旅。

美好旅時光不用出國遠尋，盡在西拉雅繽紛藝境旅遊線。國際旅遊家溫士凱老師接地氣，深入巷弄尋找感動，透過文字敘述以簡單故事軸鏈結日本文化、地方產業脈動、國外旅遊體驗和美學地景等故事軸，說好每個故事，傳遞延續，讓西拉雅輪廓更為清晰，跟著本書展開旅行，西拉雅繽紛藝境不再只是一個行程代名詞，而是專屬於自己有溫度有感動的旅行故事！

你會發現西拉雅如此讓人喜歡，因為，西拉雅擁有自己的韻味、自己的節奏、自己的繽紛，構成一獨特的美學風格。

交通部觀光局
西拉雅國家風景區
管理處處長

許主龍

作者
溫士凱 Danny Wen

◆ 全球華人唯一獲頒臺灣、日本（北海道、關西廣域）、泰國三國 4 個官方觀光大使殊榮。

◆ 三篇文章分別編入國小、國中及高職等教科書課文：

「沉睡的天空之城」/ 國小六下國語第六課課文

「我在臺東，心情，晴」/ 國中一下國文第六課課文

「玩出國際觀」/ 技術高級中學餐飲概論課文

◆ 廣播金鐘獎最佳主持人得主

第 50 屆廣播金鐘獎社區節目類最佳主持人得主

第 50 屆廣播金鐘獎社區節目類最佳節目入圍（全世界來作客 / 製作人）

第 51 屆廣播金鐘獎社區節目類最佳主持人入圍

第 54 屆廣播金鐘獎生活風格節目類最佳主持人入圍

第 55 屆廣播金鐘獎生活風格節目類最佳節目入圍（世界異家來作客 / 製作人）

第 56 屆廣播金鐘獎社區節目類最佳主持人入圍

◆ 獲頒「客家事務專業獎章」三等獎章。

◆ 獲選客委會「臺灣客家名人錄」。

◆ 第一位受邀至總統府與總統一對一對談的旅遊作家。

◆ 文化部列名 90 後臺灣最重要代表性作家之一。

◆ 受邀擔任廣播、電視金鐘獎評審及頒獎人。

◆ 深受國際觀光產業歡迎的生活美學旅遊作家，共出版「對味的旅行、溫士凱說走就走泰國小旅行、溫士凱的日本關西私度假、泰美味、拉斯維加斯、驚豔雲南」等 20 本著作。

攝影
陳耀恩 Ean Chen

生活美學攝影家，具有多次個展實績，德國蔡司 ZEISS 光學大使、Profoto 瑞典頂級燈具指定攝影師，同時也擔任 Canon 專業講座講師，並曾長期擔任關島觀光局指定攝影師。

Ean 擅長單眼，執飛無人機拍攝經驗也相當豐富，2018 年，親赴江西圍屋空拍系列美照，風格兼具恢宏細緻，吸引大中華區多家媒體推播轉載，連日首頁置頂，讓全球華人驚豔客家圍屋之美。

遇，見。不一樣！

因為新冠肺炎的關係，我們的生活在 2020 年掀起了百年來的巨大改變，而我已經習慣了二十年每個月至少一次的世界旅行生活，也嘎然被按下了停止鍵。老實說，這樣的改變，別說是一開始，就連兩年過去了，我還是依舊很難接受啊！不過，相較於其他國家在面對新冠肺炎疫情所帶來的重創，我們也必須承認臺灣在這個世紀大災難下，還算過得不錯。無論是生活上，精神和心理上，我們的反應快，也適應得快，更是在一波波的危機裡，也遇見了一個個的轉機。這點，著實是值得慶幸和欣慰的，不是嗎？

特別是這些年我大部分都聚焦在國外，對於臺灣本土的認識，所涉獵的並不若海外旅遊般大。而對我來說新冠疫情所帶來最不同的轉機，無疑是讓我有更多和更深入的機會在臺灣旅遊，重新用不同的面向去瞭解和認識，我曾經以為「理所當然」的家鄉。其中，最大的收穫之一，就是「遇見，西拉雅」了！

而關於寫書，每個人都有不同的風格和完成方式。我自己一向很在乎在現場和人、事、物的交流感受，因此我們花了很多時間在現場，去發現、去認識、去瞭解、去感動和去尊重、去珍惜。雖然說這回所重返的西拉雅國家風景區繽紛藝境旅遊線，大部分是過往所熟悉的臺南，然而在換個角度和思維去看待時，或歷史、或人文、或滋味，都變得很不一樣，收穫和感動也更多了！每每在埋頭寫作時，我彷彿好像打開了珠寶盒般，每打開一層，就會看見和連結到不同的驚喜，讓人好生著迷。

至於選用「遇見」這兩個字，其實所取義的是在「相遇」和「看見」的複式意涵。也就是和西拉雅的文化、族群相遇，再跳脫制式框架重新看見臺南、臺灣和自己的不同。當然，故事是主觀的，所以不應該有正確答案。而我所冀望，不過是我提出了一個面向，誘發出更多不一樣的感受和驅動，讓更多的朋友們可以遇見西拉雅的美好，特別是屬於每個人自己的西拉雅時光和故事。

最後，與其說我寫了一本關於西拉雅的書，倒不如說這是西拉雅送給我的一份珍貴禮物。特別是在百年疫情的 2021 年歷史時間軸裡，在我的第 21 本書上，讓我「遇，見。不一樣！」

旅遊作家暨廣播金鐘獎主持人

念念新化
懷舊漫步發覺心玩意

SìnHua

我一直很喜歡「念」這個字。

喜歡它在不同感知裡的角色扮演，總是很貼切過切的
透過文字堆疊，把說不出口的心情，巧妙和精準的演繹出來。

特別是在時間軸裡，它是時光的擺渡人，把我們連結到情感的渡口，
心領意會，就把眼上的綠燒給了一個動詞的完美演繹。

文化的曼波，
總在不經意的時光中，
撒下迷人的網！

新化印象
True Colors

惦記，是我對新化老街的念想

　　我還記得，那一天我站在老街的這頭，望著對街那一整排仿「巴洛克（Baroque）」風格的立面建築，在如洗藍天和一朵如棉花糖般的白雲陪襯下，彷彿像是一位老朋友穿著新衣裳和我微笑著。這眼前的畫面著實很美，也乾淨的像是一幅從明信片上走出來的風景。一念頃，我便掉入了時光的河。

臺南街邊小吃
牛肉湯
P.30

第一回和新化老街相遇，是在對凡事都懵懂和好奇的高中時期。那時候的青春，總是在離家和回家中擺盪。每每一到假日，回家，是萬般不得已的選項；然而作客同學家，特別是外縣市的同學家，那才是令人感到青春振奮的事啊！所以那年的寒假，我們幾個同學們相約一路南下半環島旅遊，假借拜訪同學之名，行玩樂、蹭飯和借住之實。

也許是自己的老家是個純樸客家庄的關係吧，對於那年初訪的新化老街，鬧熱的人潮和華麗的建築藝術，讓人留下深刻的印象。特別是當時正研習的藝術史課文上論述著巴洛克藝術風格，那眼前的一刻一劃，生動著演繹南臺灣建築在日治時期最華麗的生活美學，也把課本中枯燥無味的文字如張力、緊張、繁瑣和恢宏等，瞬間活化了起來。那印象和念想縈得深，讓人每每一到臺灣其他類似的老街，總是不由自主的心生比較。

然而時間的河也總是淘洗著我們的恬念，不是嗎？

多年前再訪新化，明顯地，往日的風華正在沉潛。這條如睡著的老街，人煙味淡了，景致也刷上了薄薄一層淡黃色，就連那曾經氣勢恢宏的仿巴洛克建築，也添上了點點黯然。唯一還可以回味的，是走在騎樓下偶爾遇見的老招牌，還有轉角淡淡飄香的小吃味道。只是，這曾經切切的思念化成了念叨，行走其間，心中的風景已然不再是風景。

事隔多年，這回眼前的新化老街穿著新衣裳，雖然和我心中掛念的風景不盡相同，但是聽完臺南市城市文化協會王榮森理事長的介紹，我嘴角上的弧線，也就不由自主的上揚著。畢竟，相較於被拆除的命運，現在許多地方人士很努力在各種方方面面上注入活力，克服疑難雜症，運用穿新衣裳的方式讓百年歷史老街的韻味再現，也吸引年輕人返鄉共榮，單是這些，我便相信新化老街在時間的長河裡，已經準備好舞一曲華爾滋，慢慢地、華麗的，一曲、一曲，舞下去！

離去前，太陽很大，我眯著眼，心情是滿足的，而腦海中浮現了：「拆了，就什麼都沒有了！而留下來，好好地保存著，你的小孩會謝謝你！」這句話。那是有一回我旅遊至比利時的布魯日（Bruges）所聽到的一句話。

Information
導覽解說
👤 王榮森 臺南市城市文化協會 理事長
☎ 0989-778374

Don't Miss

巴洛克藝術風格 / Baroque

單純以字面上的解釋，巴洛克是源自西班牙語及葡萄牙語中指形狀不圓的珍珠。然而使用在藝術詞彙中，巴洛克是一種藝術風格，泛指西元 1600 年到 1750 年之間產生於羅馬，隨後即傳遍歐洲的文化和藝術象徵。

在巴洛克藝術風格之前，歐洲流行的是嚴肅和含蓄為主的文藝復興藝術風格和文化。隨著十五世紀末期以後的科學新知崛起，海權的改變和通商與殖民的興盛，人民物質富有和思想日益自由，加上宗教改革和君主專制時代來臨，在藝術風格上有強烈的情感表現，對於音樂、繪畫、雕塑、建築和服裝造型上，大膽的展現繁瑣、恢宏、流動感、戲劇性、誇張性和更具動態感的要素。因此，在音樂上加入大量裝飾性的音符，節奏強烈、短促而帶律動性，旋律華麗且精緻。其中最為後世知名的則是義大利的維瓦第（Vivaldi）。

建築方面常見富於動感的曲線和直線並用，左右對襯，裝飾華麗且戲劇性浮雕眾多等元素，而且大量使用金色。目前世上最受到遊客喜歡的建築景點如法國巴黎的凡爾賽宮（Château de Versailles）和英國倫敦的聖保羅大教堂（St Paul's Cathedral），也都是巴洛克藝術風格的重要建築代表。

而繪畫藝術除了傳統的教堂內的頂棚（天花板）外，人文意識抬頭並開始流行獨立小型生活作品如靜物畫、風景畫和肖像畫等。此外，大量運用明暗對比的光影和色彩，讓畫作呈現在戲劇性的視覺效果。其中最為知名的代表藝術家則是魯本斯（Rubens）和林布蘭（Rembrandt）。

時光
故事
Melodies of
Time and Beauty

｜ 念念新化 舊漫步發覺心玩意

最美的時光，臺灣歷史建築的瑰寶

想起了那一天在新化老街上聽王榮森理事長說新化老街的故事，還是意猶未盡啊！

這舊名為「大目降（Tavocan）」的新化，過往是西拉雅平埔族的聚落，而大目降在西拉雅語中的語意，乃為「山林之地」。至於漢人的歷史則始於明鄭時期，當時鄭成功的軍隊從新化的洋仔港，也就是現今的「豐榮里」處上岸紮營開墾。1920 年日治時代則設立了臺南州新化郡，並改大目降為新化街。由於新化位於臺南的南部，是山地與平原交界上的交通樞紐，和臺灣第一座水庫「虎頭埤水庫」、新化林場及西拉雅族傳統領域鄰近連結，再加上和臺南府城往來頻繁，慢慢成為周邊九街庄之郡治中心。

目前新化老街所在地的中正路（西邊街）與已經消失的舊中山路（南邊街），這兩條路交會之處稱為「三角湧」，在早期是集貨買賣的重要驛站，也是老街最主要的原型。西元 1921 年在西邊街上出現了首棟仿巴洛克建築裝置藝術風格的洋樓房（中正路 432 號林姓布商之居），樓房建築集合了當時大戶象徵的工藝和藝術概念，成為當時的焦點所在，並影響其他商家的跟進，陸續將店面改成仿巴洛克藝術立面的建築。1937 年時日本政府將整條街以造街名義改建成統一風格，形成現在新化老街的雛型。

只是，老街興起，老街凋零。承載 70 年大時代故事和歷史價值的老街，終究敵不了都市改造的粗糙計畫衝擊。西元 1995 年新化鎮公所為了道路拓寬工程，將中山路（南邊街）的舊屋拆除，瞬間，老街只剩下一條。歷史，也被埋了一半。

還好，學界開始意識到古蹟建築保存的重要性和歷史意義，國立成功大學建築系王明蘅教授率先為老街保存請命，地方文史工作者紛紛加入搶救老街古蹟的響應，新化碩果僅存的老街中正路（西邊街）命運翻轉，不但被保留了下來，並開始受到保護和後來的修繕美化，更一舉獲選 2001 年臺南縣政府舉辦的「南瀛十大歷史建築」第一名，以及同年中華民國文建會舉辦的「歷史建築百景徵選活動」第二名的殊榮。

如今，無論是陽光璀璨的早上，還是柔光靜謐的夜晚。新化老街建築以水泥及福杉等素材精心雕琢的裝飾、浮雕和架構，是仿巴洛克式的古典藝術風格也好，還是日本昭和時代的現代主義意象也罷；是磚造騎樓柱、木格柵樓板和洗石子工法，又或是幾何形狀的鑄鐵欄杆裝飾，他們在光影的變幻裡，不單是顯示新化老街獨有之特色，更重要的是，它還在持續進行式的演繹著美好時光的獨白。

一百四十多歲的晉發米穀商店

晉發米穀

喜歡這家位於新化老街上的老店，是有很多種不同的心情和原因的。

這家名為「晉發」的米穀商店，由原籍福建晉江的楊源先生於清同治 1872 年創立，因為不忘本，所以取名晉發。而這間米店擁有五代人的經營故事，還有百年歲月依舊老當益壯約 6 公尺高的臺灣檜木製碾米機，更有騎樓牆面上二次大戰留下機關槍掃射彈痕的大時代故事，本身就是一本活的歷史書，更是尋找新化老街故事的起點所在。

店中的碾米機是農耕時期主要的生活器具，更是情感的寄託。也許新世代的朋友們成長在富裕的現代社會，並沒有經歷過農耕社會種稻、買米、碾米的生活過程，對於米的商品認知也大多來自已經包裝好的小包產品，很難去理解那份對於消失中的生活情感連結。 但是對於四十歲以上的臺灣人來說，米店的碾米機攸關著家裡餐食飄香的滋味，以及左鄰右舍情感連結的生活滋味。

而對於我來說，它還有著小時候把米堆當沙玩，把發出轟隆隆聲響的碾米機當成幻想中的飛機引擎，還有調皮搗蛋時跟家人玩躲迷藏的美好童年滋味連結啊！

至於現在，張家第五代主人辭世後，原本即將面臨走入歷史的晉發米店，搭上了古蹟保存的浪潮，在地方社區協會主動提出保存和轉型方案後，現在改由在地青年團隊接手經營。不但讓年輕世代的在地青年有機會認識自己的家鄉，感受到屬於在地文化的驕傲，也為傳承盡一份心力外，更重要的是提供米店這個空間成為多元複合平臺，展示家鄉的故事，還反饋社會提供工作機會，當然，也成為臺南小農商品的展售中心，讓好的故事被發現，好的農產品被認識以及好的文化被傳承，讓人激賞。

Information
晉發米穀商店
🏠 臺南市新化區中正路 439 號
☎ (06) 590-7232
🕐 09:00~18:00 (週末晚一小時)

古早好滋味的吉野村現烤蛋糕店

Don't Miss

我正專注的聽著王理事長介紹新化老街的仿巴洛克建築藝術，說到這老街的屋頂上曾經有4隻美麗的老鷹雕刻裝飾，一度輝煌，一度消失，現在在協會努力的古屋搶救和復原下，他指著斜線方的屋頂上開心的說：「你看，我們已經找回兩隻老鷹！」我順勢朝著前方望去。

正當我努力搜尋老鷹的身影時，一陣陣溫潤的蛋糕香氣撲鼻而來，我不自覺地便轉頭探索這香氣的來源。此時，王老師也很有默契的指向前方人潮流動的店家說：「那家『吉野村』現烤蛋糕店是我們新化的知名美味，也算是老街之寶，你一定要嚐嚐！」

來到店門口，最先吸引我的是老闆剛好開啟烤箱蛋糕出爐的畫面。那職人的專注力和狀態良好的蛋糕，帶著淡淡煙霧和香氣飄散在空中，好生誘人。再來則是眼前這一片各式口味的蛋糕海，還有不停上門的購買人潮。當然，最有趣的，是發現這邊的蛋糕價格還是延用臺斤來秤重計價，非常有「老街」該有的時代感！至於手上的蛋糕一入口，比起我們熟悉的臺灣古早味蛋糕更加綿密和紮實，而且蛋香濃郁，口感和味道都非常讓人印象深刻。邊嚐蛋糕美味，邊聽王理事長的介紹才知道，原來這家老字號老闆黃龍溪先生從十七歲便入行學做烘焙，不但對傳統蛋糕的製法和口感都掌握的相當精準，更重要的是，他很要求食材原物料。

所以除了主要食材雞蛋選用新化本地的有機蛋和品牌安佳奶油外，還強調低糖、低鹽和絕不添加防腐劑，而且不賣隔夜蛋糕。

此外，吉野村雖然只是不大的傳統家庭蛋糕坊，但是因應時代的變遷，他們的蛋糕口味也跟著多元變化，從經典原味、鹹蛋糕到雜糧、黃金起司、香芋芝士、黃金芝士條、蔓越莓、南瓜、抹茶、黃金蛋糕、黑美人、橙皮乳酪、黑糖芝麻蛋糕或是焦糖布蕾等十數種口味可以選擇。也難怪多年下來，不但可以緊緊地抓住新化人好幾代喜新厭舊的味蕾，現在還有不少遊客，可是為了一嚐這蛋糕的美好滋味特別專程來新化老街一遊喔！

Information

吉野村現烤蛋糕

🏠 臺南市新化區中正路 350 號

☎ (06) 590-7189

🕐 07:00~18:00 (週一店休)

武德殿

倒裝時代，府城的日本味

　　是啊，我並沒有喜歡用「類比」的文化比較法去介紹一個地方性的文化！我也常覺得，歷史有的時候是主角，有的時候是過客。在乎的是，在那一個特定的時間軸裡，它留下了些甚麼？不是嗎！

　　在新化老街旁可以看見不少的日式建築房舍，他們是日治時期留下來的故事。雖然在風格上可以用日本風格來通稱他們，然而經過了臺灣在地文化的融合，他們見證屬於我們的歷史，展演出獨樹一格的臺式日本風格特色文化。

　　其中，新化「武德殿」的故事很有趣。

　　武德殿這個場所的由來，最主要是 1895 年（日本明治 28 年）在日本京都成立的「大日本武德會」，為了推廣武道如劍道、柔道、角力和射箭等武術活動而設置的武道練習場。後來除了一般武術練習外，它還成了日本警察系統的重要訓練中心。因此，在日本各地及海外如臺灣等地也都廣為設置。而新化的武德殿則落成於約 1924 年（日本大正 13 年），一開始是瘧疾防遏事務所，後來改為供軍警、學生及青年團練習使用的武術中心，直到臺灣光復後，就地改為榮民宿舍並和警察眷屬宿舍混築一起。

歷史上所看到最殘暴的事之一，就是當一個政權改變後，新的政權就迫不及待的將舊有政權的象徵通通摧毀。因此，日本戰敗退出臺灣後，在去日本化的政策下，臺灣只要具有日本意象強烈的建築物，通通被拆除或是改頭換面。當全臺的武德殿都被拆除時，新化的武德殿因為改裝成宿舍並和警察眷屬宿舍混築一起的因素，而成了少數被保留下來的日本武德殿之一，讓生命的輪轉有了風生水起的新契機。

隨著新化對於保護和搶救歷史古蹟的社會意識抬頭，已經被廢棄和產權也已經轉為私人所有的新化武德殿，在地方文史工作者的努力下，由鎮公所收回產權，並在 2006 年正式公告登錄成為臺南縣第 17 處歷史建築，成功的保存了這處具有歷史文化意義的古蹟建築物，並於 2012 年修復完成開放參觀。

不同於臺灣其他的武德殿古蹟，新化的武德殿是全臺唯一還完整保有的彈簧地板的武德殿！因此，走在地板上可以清楚的感受到彈性。當王榮森理事長要我別客氣的在地板上「跳一跳！」時，我彷彿可以感受到自己穿著柔道服狠狠把對手過肩摔後「踩」一聲的衝擊震動感，好生過癮啊！

新化武德殿修繕的很好，建築為 RC 造框架和磚造結構和日本傳統的「真壁造（竹編夾泥牆的構法）」的工法，外面還有一棵碩大的菩提樹，在樹下看著這棟融合日本寺社古典風格和現代建築工法的建築物，在藍天和樹蔭裡，是一種時光流淌的美好享受！

Information

新化武德殿

🏠 臺南市新化區和平街 53 號

☎ (06) 590-2192

🕐 09:00~12:00、13:30-17:00
（週一及國定假日休館）

🎟 免費參觀

新化街役場

聽說，這棟房子「新化街役場」會走路！

　　如果說新化老街那頭的武德殿是命運安排的浴火鳳凰，那老街這頭的「街役場」，則是在命運中來去自如的轉運手！更重要的是，它不但是目前在彰化以南唯一保存下來同質性歷史古蹟，還是深受歡迎的人氣餐廳喔！

　　街役場這三個字許多人對它並不熟悉，其實它是日治時代的「行政中心」之一。當時在地方政府組織的規劃裡，分為州、縣、廳等為一級行動政單位，而市和郡的行政單位名稱為「役所」。接下來差不多等同現在鄉鎮區公所等級的街、庄、區等行政單位，便以「役場」為稱呼，因此，1934 年（民國 23 年）成立的新化街役場就是由此而來。

　　相較於臺灣其他日治時期留下來的街役場，新化街役場的建築結構和造型較為與眾不同。其中單是採圓弧形門廊設計和帶有歐洲晚期文藝復興戲院風格的入口處，在線條和格局上便跳脫出一般日治時期公共建築物制式的造型和工法，獨樹一格。而細看之下，洗石子搭配窯燒十三溝面磚的複合式組合，線條簡潔流暢中有著東、西工藝結合的精巧和藝術感，十足典型的裝飾藝術風格（Art Deco），算是臺灣建築裡兼具時代意象和藝術美學上相當不簡單的作品。更重要的是，它整體結構和細節都保存的相當完整，也無怪乎在 2001 年中華民國文建會舉辦的「歷史建築百景徵選活動」中一舉拿下第四名的殊榮，隔年更正式公告為被保護的歷史建築。

新化街役場整個主體為鋼筋混凝土建材，屋面則為木桁架覆瓦。入口處的玄關由兩圓柱界定門廊，其後為半圓弧的空間設計，而入內後則是樓中樓的大型空間。由於街役場現在是古蹟轉換成餐廳的活化開放空間，除了一些角窗不規則的空間被善用設計成小開放包廂外，這裡最為人們津津樂道的，則是閃著藍光的玻璃地板設計。雖然乍看之下有些突兀，然而在氛圍上，帶有現代復古和時空穿越的混搭風情，卻是營造的相當迷人。

倒是千萬別小看了這些玻璃地板，靠近一瞧，會發現在玻璃地板下別有洞天啊！原來，新化街役場自戰後起一直為地方鎮公所所在地，直到 1996 年（民國 85 年）鎮公所遷到中山路新址後才成為閒置空間。1999 年因為都市計劃中的「廣停二地下停車場」準備施工，新化街役場面臨被拆除的命運。

還好當時的臺南和新化對於古蹟保存的意識相當重視，在學、政、藝和鄉親們的通力合作下，最後於 2000 年 5 月以「移屋的方式」，1500 人合作乾坤大挪移，將街役場用陸上行舟的方式整個移置 300 多公尺外的忠孝街青果市場停車場暫放，待地下停車場完工後，2002 年 3 月再移回原址。整個搬遷過程是臺灣歷史上的重要紀錄，也是臺南建築文化的盛事，為了紀念這歷史性的創舉，設計師巧妙的將當年的纜繩放至在玻璃地板下，也將部分斷裂的纜繩掛在牆上當紀念裝飾。正因為這「出走」又「回歸」的歷史事件，不僅讓新化街役場在古蹟價值上有了其他街役場無可比擬的獨特性，也贏得了「會走路的房子」的美名！

至於我自己則特別喜歡傍晚時分的街役場，坐在戶外的露天座位，看著十字路口往來的繁華，然後緩緩迎接夜幕降臨。在那乾淨帶亮泛藍的天空襯托下，隨著光影的移動和變化，可以在流動的時間裡感受到街役場的獨特之美。那美，是帶著些許文學綽約的美，更是過盡千帆的時間對話之美，好生享受。

Information

新化街役場古蹟餐坊

🏠 臺南市新化區中正路 500 號

☎ (06) 590-5599

🕐 11:00~21:30

（週一店休 / 寒暑假及國定假日除外）

千人移厝斷繩

2000年5月21日，新化鎮民牽結十條大繩，
展開『街役場－乾坤大挪移』，沒有勝負，
有的只是文物保存的拉鋸戰。
十條大繩串起新化鎮民的心，更為新化人保
存了歷史的記憶。

Don't Miss

楊逵文學紀念館

　　每一個世代都有一些讓人不能遺忘的故事，而每一個地方，也都有一些值得我們代代紀念的人物！在新化，「楊逵」便是他們相當驕傲的時代人物。

　　楊逵文學紀念館就座落在新化街役場的隔壁，是棟有著雅致風格的建築物。紀念館的空間不算大，但是展示的內容和圖文資料相當豐富，而且還有專人的導覽介紹，可以快速的認識和瞭解楊逵先生的生平和文學記事。

　　楊逵先生，本名楊貴，1906 年出生於新化。10 歲在新化公學校就讀時，親眼目睹噍吧哖事件，因而產生抗日意識，17 歲考上第一屆臺南一中，18 歲休學赴日。返臺後從事不少抗日活動，一生背負政治犯標籤，有不少的時日皆是在牢中監禁度過，即便是他與妻子葉陶的新婚之夜，也被迫入獄。楊逵先生自述：「這一生我的努力，都在追求民主、自由和平和。我沒有絕望過，也不曾被擊倒過：主要由於我心中有股能源，它使我在糾紛的人世中學會沉

思，在挫折來時更加振作，苦難前露微笑，即使到處碰壁也不致被凍僵。」

然而時代越是艱鉅，越能透過文字蘊育出不朽的作品，不是嗎？他的文學處女作「送報伕」，1932 年讓他成為臺灣首位獲得國際文學獎的文學家。而在監禁期間所寫的作品「春光關不住」，後來改名為「壓不扁的玫瑰」，則於 1976 年編錄在國中教科書中。

Information

楊逵文學紀念館

🏠 臺南市新化區中正路 488 號

☎ (06) 590-8865

🕐 09:00~12:00、13:30~17:00
（週一休館）

🎫 免費

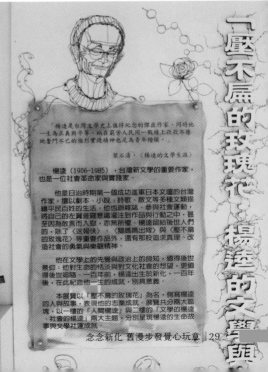

壓不扁的玫瑰花・楊逵的文學密碼

「楊逵是台灣文學史上值得紀念的傑出作家，同時他一生為正義與平等，站在窮苦人民同一戰線上投效不懈地奮鬥不已的強烈實踐精神也足為青年楷模。」

葉石濤，〈楊逵的文學生涯〉

楊逵（1906~1985），台灣新文學的重要作家，也是一位社會革命家與實踐家。

他是日治時期第一個成功進軍日本文壇的台灣作家，擅以劇本、小說、詩歌、散文等多種文類描繪平民百姓的生活，他也辦雜誌、參與社會運動，將自己的左翼普羅意識灌注到作品與行動之中，甚至因為散言而入獄，亦無所懼。楊逵留給後世人們的，除了〈送報伕〉、〈鵝媽媽出嫁〉與〈壓不扁的玫瑰花〉等重要作品外，還有那股追求真理、改造社會的勇氣與樂觀精神。

他在文學上的先覺與政治上的良知，值得後世景仰：他對生命的枯淡與對文化社會的想望，更值得後世追隨。一百年前，楊逵出生於新化，一百年後，在此紀念他一生的成就，別具意義。

本展覽以「壓不扁的玫瑰花」為名，側寫楊逵的人與故事，表現他的志業成就。展覽共分兩大區塊，以一樓的「人間楊逵」與二樓的「文學的楊逵、社會的楊逵」兩大主題，分別呈現楊逵的生命故事與文學社運成就

嚴選滋味

Locals Matter

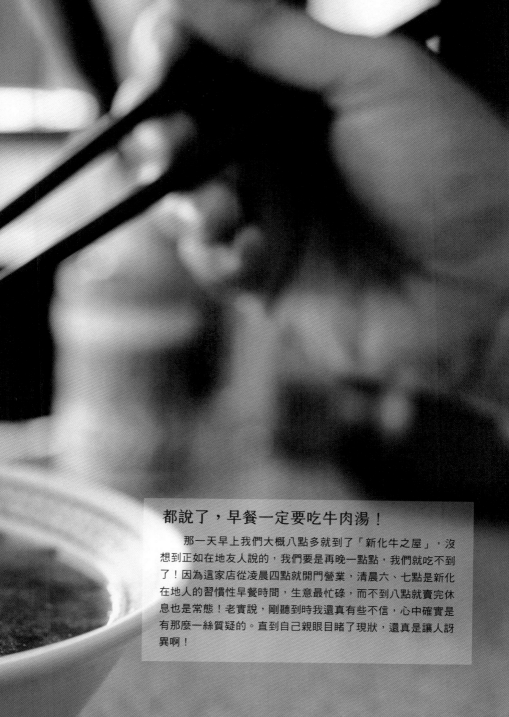

都說了，早餐一定要吃牛肉湯！

　　那一天早上我們大概八點多就到了「新化牛之屋」，沒想到正如在地友人說的，我們要是再晚一點點，我們就吃不到了！因為這家店從凌晨四點就開門營業，清晨六、七點是新化在地人的習慣性早餐時間，生意最忙碌，而不到八點就賣完休息也是常態！老實說，剛聽到時我還真有些不信，心中確實是有那麼一絲質疑的。直到自己親眼目睹了現狀，還真是讓人訝異啊！

當一口清湯入喉，湯體有厚度而且純淨，清爽中帶出微微的甘甜好味，有點讓人驚艷這看似不起眼的小店，竟然能熬出這不簡單的湯頭滋味！然後吃一口用熱湯沖泡的溫體牛肉，剛好的熟成度，吃出牛肉的鮮甜和柔軟，就連不蘸醬吃都好，而且是那種會讓人留下深刻印象的美好滋味。至於湯頭中再加些薑絲及米酒，又會變成不同的口感和記憶點，不大的牛肉湯卻可以吃出三吃的變化，著實讓人喜愛。

臨走前實在熬不過自己的好奇心和老闆娘討教了一番，才知道這家牛肉湯專買店已經開了 30 年，牛肉湯湯頭的湯體和口感會這麼有層次，主要是因為在販售的前一天將牛骨洗淨、去雜質、過濾和慢火熬煮 3 小時，靜置後去油，當日再加入牛腩去熬煮吊味。沒有加入其他食材和調料，就是純粹的牛骨和牛腩精華，才會如此鮮甜。

牛肉湯

　　當然，牛肉的本質要上等，才能夠提煉出如此有深度的湯頭和口感。因為新化地區曾經是全臺四大「牛墟」之一，臺灣本土牛飼養與買賣是有歷史背景的，因此對於溫體牛肉的品質要求要比其他的地方都高和嚴格。而依據法規，目前臺南牛肉基本上都是將牛統一送到善化屠宰場處理，所以大家都知道牛肉是從善化買回來的，卻不見得知道是哪裡飼養的牛隻？但是新化人便會很自豪說，這就是他們牛肉湯和臺南其他地方的不同之處！此外，他們還很在乎「時間」，常開玩笑說，這桌上的牛肉可是在善化處理完後搭計程車回來的喔！

　　我必須承認，新化的這碗牛肉湯真的很不一樣，而且非吃不可。

Information

新化牛之屋

🏠　臺南市新化區復興路 222 號

☎　(06) 590-4318

🕐　週一 03:40~13:00 (週二店休)
　　週三至週日 03:40~11:00

❗　每日數量有限，賣完就店休

獨一無二的煎粿，必須放棄睡眠

我們一行人還沒有走到美食攤，我已經在空中聞到了淡淡的飄香味。於是我轉身便跟在地友人說：「你們住在新化真好，空氣中的氣味很乾淨，不像其他地方的空中混雜了太多的味道，單是在街上走動，嗅覺的旅行，便是一種享受啊！」只見朋友用一種疑惑的眼神看著我。而我，噗哧一笑，揮了揮手後繼續向前行。

而眼前小吃攤，就在巷口，也沒有招牌和名字，但是攤前等待的人不少，友人則開心的說：「我們很幸運，今天可以吃得到！」原來又是一家當日現做、限時、限量的早餐美食，每天大約早上九點左右就賣完，所以為了品嚐這份新化最在地的古早味美食「煎粿」，就必須放棄睡眠，完全貪睡不得啊！

　　我必須承認，我之所以執意要到新化吃煎粿，其實原因有二。一是我沒有吃過，也不清楚什麼是煎粿？但是知道它是新化人的心頭好，所以想品嚐在地人的真正家鄉好滋味；二是根據手上查遍的臺灣飲食文獻，發現煎粿只出現在臺南新化和永康兩地，算是臺灣還沒有被其他外來早餐美食同化和取代的獨特早餐，覺得這樣的飲食堅持和保存都不簡單，一定要親自感受一下這份獨特的滋味！而當眼前的煎粿一入口，我嘴角緩緩上揚的弧線便已經為這份味蕾的美好做了最佳的註解。

　　煎粿在火熱的鐵板上煎得兩面帶焦黃，然後放入小碗內並在上面加蓋一顆現煎的雞蛋，最後淋入由虱目魚骨熬的羹湯後上桌。先是一口原始羹湯，滑順的鮮甜湯頭裡還有炸過的蛋酥，香氣和口感的層次分明。而煎粿本身是由地瓜粉加在來米搭配調合而成，乍入嘴裡有著客家水粄和粉粿的混合體口感，但是比客家水粄的厚實感輕些，又較粉粿軟嫩。

　　不過，最重要的靈魂則是在香煎的微脆度，在滑潤與焦脆之間，為這看似簡單卻又滋味滿盈的在地早餐小吃，增添了畫龍點睛的妙用。而桌上的蒜頭、辣椒和香菜，適量的調味，又帶出不同的風味。這新化煎粿，著實讓人喜歡。

　　至於這巷口無名的小煎粿攤已經在新化飄香了三十年，看著年輕人在攤前俐落的協助著，一問之下才知道這位將是未來第三代的傳人翁建富先生。而從他散發出的堅定和自信眼神中，我清楚的知道，這一碗屬於新化獨有的煎粿，未來將會繼續飄香很久、很久。只是為了品嚐這滋味，你真的必須放棄睡眠，賴床不得啊！

Information

新化煎粿攤

🏠 臺南市新化區信義路 199 號

🕐 05:00~10:30 (不固定)

❶ 每日數量有限，賣完就店休

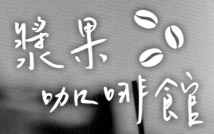

漿果
咖啡館

因愛而生的咖啡，一天限定 5 小時

　　這家店我們來回錯過兩次，就在我們準備離開臺南的那個下午，第三回造訪，終於進來了！我們是有緣分的。

　　我想，喜歡咖啡的人都會有個差不多的共識，就是咖啡店內的氣味很重要。過去這些年臺灣興起了自家烘培豆子的風潮，很多咖啡店內也時興擺上一臺烘豆機，甚至直接在開店的時間內烘焙，搞得店內的氣味過於重，不但干擾了端上桌的咖啡氣味，更是容易讓人產生不舒服的情形，因此，不是標榜自家烘焙的咖啡店就一定比較厲害！

此外，我一直相信要成就一杯好咖啡，原豆、烘焙和沖泡（煮）咖啡的時間掌控，是最重要的三大元素。當然，咖啡是自己在喝的，和自己最對味的咖啡，才是享受咖啡最重要的一件事！當我從臺南離開的高鐵上，我一直在念著新化「漿果咖啡」的滋味，我便清楚的知道，我已經把他放入我的咖啡口袋名單中。

新化的漿果咖啡館（BACCA CAFÉ），一天只營業 5 小時的個性小店。店面並不大，也沒有時下流行的網紅裝潢，自成一格的特色在你踏進店裡的一念頃，便可以清楚的知道這會是一家有好咖啡喝，還有好故事尋的地方。店內擺著一臺烘豆機，靜置著，但是可以知道這機器是咖啡主人的好幫手。而沿著牆角擺了些麵粉袋，清楚的，低調的，彰顯這店的主人對於食材也應該是在乎的人。

就在簡單對談後，店主人陳勇亨先生介紹了我哥倫比亞聖荷西莊園（Finca San Jose Estate）日曬萊姆桶發酵的單品，然後由女主人捉刀用虹吸式（賽風壺）沖泡處理，再搭上夫妻倆特別從日本帶回來造型美麗又好就口的「心型」杯子，從聞香、淺嚐到視覺美感，一整個流暢的享受，對味的滋味讓人開心不已。先不說這款萊姆桶發酵豆子的酒香和高級感讓人的第一印象就很好，而隨著時間和溫度的改變，所變化出的層次更豐富和明確，而且餘韻驚人。更重要的是，沖泡的時間把咖啡的明亮和柔順掌握的很好，讓這豆子有了美好的呈現，好生雅致。

原來，老闆娘才是這家咖啡店的靈魂人物啊！陳老闆當初是標準的科技人，因為老闆娘熱愛咖啡，而他為了愛，也開始跟著瞭解和學習咖啡，最後甚至連餐食和甜點也學習了，還不時相偕出國取經並添購一些特別器具回來。兩個人決定在自己家鄉圓咖啡夢後，一轉眼這十年的努力受到在地人和專業人士的好評，更成為咖啡族口傳的那間，來到了臺南就一定要拐過去品嚐的低調私房好咖啡店。

我特別喜歡和陳老闆聊天時他那不疾不徐的神態，分享著他們夫妻倆在烘豆的學習中是如何跟著季節變化再依據生豆和水質、濕度、溫度的差異隨時調整。又是如何因為水溫和人為的因素，捨棄時下流行的手沖方式進而專注於溫度和時間均可精準控制的虹吸煮法。

更可以清楚的感受到他對於咖啡的情懷，並不是過度的知識或技術偏執，而是在美味關係過程中那份溫暖的理解。就如同他和咖啡的關係，一切從「愛情」開始！

都說食物是傳遞情感最微妙的連結。眼前這一杯咖啡，我彷彿在每一口間，緩緩地見證了屬於老闆娘回應老闆的愛情，明亮、果斷和餘韻漫漫。

Information

漿果咖啡館 BACCA CAFÉ

🏠 臺南市新化區復興路 285-1 號

☎ (06) 580-2009

🕐 週一至週日 13:00~17:00(週三除外)
　　週三 13:00~16:00

燒餅，不是你想像中的燒餅

燒餅

對於新化人來說，下午茶不時興華麗的西式餐點，更不在乎是不是要燈光美、氣氛佳。因為下午 2 點一到，他們腦海裡面想的是位於街役場對面小攤的那一味！此外，新化人很有自我風格，明明這一味的名字叫做「燒餅」，但是它不是用烤的，而且跟你所想的燒餅就是不一樣！

根據在地人的介紹，燒餅最早的時候是由來自山東的退伍老兵「老劉」伯伯擺攤販售，後來轉手由名為「Uncle」大叔接棒。最後他們兩位老人家都走後，現在接手的第三代，則是一群阿姨團隊。

雖然這燒餅看似簡單，但是從一開始老劉伯伯對食材的要求便很不簡單。除了使用中筋麵粉為基底，麵團的柔軟度和發酵度都很講究外，內餡還要以去皮的豬後腿肉還有蔥花為主，而且只加入少許芝麻提味，但是不放胡椒，以免搶走蔥花的鮮香味。接著用半煎、半炸完成，讓外面的麵皮帶有酥脆口感和香氣，而咬下去後，餅皮有些蓬鬆，但是麵糰有筋道和韌性，所以越嚼越有彈性和層次。更重要的是，外皮不可以焦，內餡的豬肉還要帶微微肉汁，這時間和火候的掌控要很有技巧。

這間無店名也沒有招牌，只有在攤前寫著大大燒餅兩個字的蔥肉餡餅攤，50 年來只賣當天備料手工現包的這一樣產品，而且只有在下午兩點開賣，每日限量 200 個，大概到 5 點就賣完了，生意非常好，也是新化人最念念不忘的家鄉特別味。

Information

燒餅

🏠　臺南市新化區忠孝路 52 號

☎　0919-318190

🕐　14:00~18:00(週日店休)

❗　每日數量有限，賣完就店休

茶葉蛋，別懷疑這蛋非彼蛋

不誇張，新化的必吃招牌小吃就是「茶葉蛋」，而且它跟我們一般的茶葉蛋不同，不是想吃就可以隨時吃得到！因為他們的配方不同，製作過程不同，口感不同，故事當然也不同！只是想要吃到新化代表性的茶葉蛋，要嘛，起早在人氣店家開門的半小時左右去搶購；要嘛，上網宅配。不過宅配到家大概會等一個月左右。

讓新化茶葉蛋揚名的是廖世華先生。大約在 2000 年的時候，他曾擔任臺南縣新化鎮知義派出所所長的位置，當時為了讓同仁們補充體力，還有來洽公的民眾們有點心可以果腹，於是將自己研發的茶葉蛋免費提供給大家食用。後來在口耳相傳下，「所長茶葉蛋」的名號便正式誕生。接著他在退休後，與妻子家族成員一起創立金嘉隆企業股份有限公司，正式掛牌開店販售。一開始的目標是每天賣 500 顆茶葉蛋，因為過於熱賣，現在每日銷售量已超過 2 萬顆。

和其他茶葉蛋最不同的地方，他在雞蛋的大小上要求要一致為 M 級的精選蛋（54 ～ 60克），然後加入五香、肉桂等秘製中藥材加上新化本地的老字號「東成醬油」以及可樂等十二道工序，一同慢火滷製四天入味。因此，滷汁能均勻的浸透雞蛋，連蛋黃都入味，吃起來蛋白有味道，而且蛋黃帶濕潤，微微中藥香，相當好吃。

隨著所長茶葉蛋的聲名大噪後，另一家興起的「姑姑的茶葉蛋」，則在秘製滷汁上多甘草的甘甜味，更受到年輕族群的喜愛，在網路聲浪和銷售力度上和所長茶葉蛋並駕齊驅，每天早上在店門口上演搶購當日限量的人潮也是非常滿。

Information

所長茶葉蛋（新化店）

🏠 臺南市新化區忠孝路 19 號

☎ (06) 590-9198

🕐 週一至週五 08:00~19:30
　　週六至週日 08:00~20:00

姑姑的茶葉蛋

🏠 臺南市新化區復興路 256 號

☎ (06) 590-9971

🕐 08:30~ 售完為止

乳液飲品，新世代的潮滋味

不同世代寫不同的歷史和滋味，在手機美照橫行和挑嘴的世代，新化人會告訴你，沒喝過「乳液飲品」，就是不懂得什麼叫做潮滋味！

乳液飲品，其實是位於新化區大目降文化園區日式宿舍群的文創餐飲「真心食府」所推出的人氣飲品。說穿了，乳液咖啡就是大家所熟悉的冰拿鐵，而乳液紅茶也就是奶茶！只是老闆郭子文先生說，因為家裡的小孩是練體育的，自己不放心小朋友們在外面亂喝食材和成份不明的手搖飲，於是為了滿足小朋友們對流行的渴望，乾脆自己研發健康的飲品。

而透過不斷實驗，絕不添加任何有害健康的物質，再嚴選牛奶並將奶泡打得特別濃稠綿密，不但在透明杯裡的視覺效應獲得女兒的喜愛，就連口感也深獲家人的歡心，這杯健康，又帶有時尚潮流味的飲品便誕生了！只是，要如何為這款飲品命名則傷透了腦筋？最後在女兒的新世代思維提點下，乳液咖啡、乳液紅茶，乳液飲品便正式拍板定案。而且自從推出後馬上成為新化的話題飲品，在網路上更是大受歡迎，成了新化的新世代美味代表之一。

老實說「喝乳液」飲品的感覺，很有趣，也讓我想起了一家我在澳門喝到很棒的奶茶，同樣的，也是以厚實綿密的奶泡取勝。不同的是，這裡以外帶造型取勝，飄著文青風的瓶子裝著分離式飲品，搭上舊日式房舍，而且就開個窗口販售，再加上年輕外甥為門面擔當，整個氛圍穿越在新舊之間，也無怪乎會大受新世代歡迎。至於我自己的最愛，則是令人視覺驚豔的四漸層飲品，由鮮奶泡、咖啡、鮮奶和甘蔗原汁組合而成的「苦盡甘來」！有著分子料理的概念，可以清楚的感受到製作上的工序繁複和技巧性。而在飲用前先搖晃讓四種元素充分混合，因為用甘蔗原汁取代其他的人工甘味和代糖，可以喝到奶香和咖啡外，微甜的甘蔗汁平衡了咖啡的苦味，在口感和層次上都表現的非常出色可口，讓人好生歡喜。

Information

真心乳液飲品 (新化店)

🏠 臺南市新化區和平街 25 號

☎ (06) 590-0756

🕐 11:00~18:00 (週一店休)

這些人
那些事
Storyteller

在綠谷中遇見謎樣西拉雅

　　眼前的長者精神奕奕，雙眼炯炯有神，頭上綁著花帶，笑容可掬的為我們送上菜餚，而且很驕傲的說：「這山藥粿可是我們西拉雅族最有代表性的食物，而且很好吃喔！」而這就是我對「綠谷西拉雅」主人萬正雄長老的第一印象。

　　萬長老親手製作的西拉雅山藥粿，乍看之下神似我們漢人的蘿蔔糕，但是一入口中，粿的粉感較為輕盈，而且山藥更容易化入口，加上外面有些許焦香微脆，吃起來沒有負擔。在溫度高漲的大熱天，伴著埤塘的微風徐徐吹來，這滋味甚是舒服。而我才正享受著西拉雅美味時光的同時，萬長老又端上了他們傳統的「月桃粽」和「橄欖魚米粉湯」，沒想到我和西拉雅的第一次接觸，就用味蕾留下了深刻美好的印記。

我必須承認，對於西拉雅族的認知很難去拼湊出一個完整畫面，因為我們知道的太少！然而，不能夠因為我們自己本身的不知道，而不去試著理解和認識，不是嗎？當走進了木屋平房，看見零散中又有些秩序的傳統生活器具，牆上掛著的舊照片善盡自己本份的記憶著歷史的航跡，還有桌上自製的簡單語文讀本，以及一排排從舊教室回收再用的課桌椅，這裡並不像都市裡的紀念館有著乾淨的環境和舒適的展示空間，還有專門預算經費和專人照管，但是卻可以深刻的感受萬長老和族群朋友們是如何的不畏艱辛，想盡辦法讓自己的西拉雅文化被看見、被認識和被傳承！那份堅持和溫暖度，讓我深深的被打動著。

也許是自己投身客家文化多年感觸吧！深刻知道，當文化只能用語言來認證時，最大的困處，並不是他人，而是來自自己的堅持。

而聽著萬長老是如何積極要喚醒平埔族和西拉雅族自覺意識的故事，看著他又是如何努力的函文陳情、舉辦座談會、說明會和請願等多重方式尋求認同的資訊，深切的感同身受，那份堅持的孤獨並不是常人所能理解的。當臺南文史工作者林榮森老師說他又是如何以音樂創作、古調吟詠，並恢復祖先四季節慶儀式，帶領族人復興西拉雅族的生活習俗文化時，我的眼尾剛好看見萬長老正熱情的向同行友人們介紹著西拉雅的傳統美食，爽朗的笑聲和自信的眼神，不因現場樸素的環境而忘了自身文化的驕傲，讓人不由自主的嘴角微微上揚，能在這樣的場所，這樣的時間點認識萬長老，認識西拉雅，真好。

根據資料顯示，由於西拉雅族多數已經和漢人同化，文化也多數失傳，其中西拉雅語更是被判定為瀕臨失傳的「死語」。

綠谷西拉雅

因此，要在極有限的資源裡從事文化認同和傳承是一件非常艱苦的事！還好，萬長老的女婿萬益嘉先生跟隨著耕耘並從族語復興的方式著手研究，收集彙整了三千多個西拉雅語的詞彙的《西拉雅詞彙初探》專書。2013 年時更被正式納入臺南市教育體系，在近 20 所中小學和幼兒園的母語課程推廣。而透過這一本專書為基礎，在認識和教育西拉雅文化上有了漸進式的成果。此外，萬長老也創作了 60 多首容易傳唱的西拉雅語歌謠，用更親民的方式讓西拉雅語被更多人認識和理解，進而學習。

我清楚的知道萬長老和族人們所走的這條路是辛苦的，但是我也相信，這條路上他們並不孤單。至少，西拉雅這三個字，在未來的日子，會一直不斷被聽見！我是如此深信著。

Information

綠谷西拉雅

🏠 臺南市新化區九層嶺 78 號

☎ (06) 580-1217

🕐 星期一、四、五 09:00~14:00
星期六、日 07:00~17:00
（週二、三店休）

湛露工作室

巷弄中，許一個千年的藝術美好

　　這天下午的氣溫有點熱，我們則在新化傳統市場旁巷弄內的「湛露工作室」，用帶些繁複的手工藝術靜心，把浮躁的熱氣隔在門外，和充滿文藝智慧的時光有個約會。

　　我緊跟著老師的步驟，把瓷土加了色彩後不斷的揉捏成色土，不但要讓色彩均勻，還要保持瓷土的濕度，避免過乾會造成龜裂的現象，隨後搓揉成大小一致條狀的土條。接著，我們用保鮮膜將有色的陶土包覆起來後並摺成一個四方型，再用棒子使力均勻的把瓷土桿成厚薄均勻的薄片。並將剛剛的條狀有色土條放在薄片瓷土上，緩緩旋轉並將它包裹起來。這時候，老師拿出一塊鐵片，快狠準的一刀切下，並指著剖面的圖型說：「這就是我們要的花樣！」霎時，我不由自主的噗哧一笑脫口便說：「這個原理跟關東煮的造型魚板和壽司捲好像喔！」然後大夥便笑成一團，好生有趣。

我手上正在努力成型的工藝，其實它並不是瓷土版的壽司捲，而是一個大有來頭失傳的特殊工匠藝術。原來這個由兩種或以上不同顏色的瓷泥糅合技法，專業的名稱為「絞胎！」我眼前散發青春活力的年輕藝術工作者「黃歆淳小姐」，因為一個緣分的契機，在國立臺南藝術大學就讀材質創作與設計系陶瓷組時遇見了當時在學校駐校的日本藝術家「村田彩」，進而認識了這門始於唐朝並盛行於宋朝的絞胎工藝。

不過，必須承認這個絞胎工藝還真的是非常珍奇！因為根據文獻的記載，這門獨特又工序繁瑣的絞胎工藝，隨著戰亂的關係，到了元朝時便已經完全銷聲匿跡，只剩下極為稀少的成品和文字記錄。倒是在數百年後的另一個因緣際會，絞胎工藝被日本人「小山富士夫」在中國發現後帶回日本，並且進行研究和改良，進而造就了日本的「練込」工藝。而緣分再轉個彎，讓日本藝術家帶到了臺南，更讓不是臺南人的藝術工作者黃歆淳用絞胎工藝和新化結緣，把這門藝術在臺灣種下重生的種子，也讓自己在新化搭起了逐夢的舞臺。

Information
湛露工作室
🏠 臺南市新化區中正路 369 巷 10 號
☎ 0988-366737
🕐 採預約制
❗ 提供客制化手作體驗課程

緣分這件事，就是這麼的有趣和微妙，不是嗎？過去日本藝術家村田彩小姐受邀在臺灣也做過不少的展覽，而日本的練込工藝也有許多臺灣的愛好者，但是它也總似一陣風吹過，沒有留下太多的足跡。像黃歆淳一樣愛上絞胎工藝並把它留下來，然後再用創新的圖案拼花絞胎變成獨特工藝，讓老祖宗的藝術智慧在臺灣生根重生，多年來也只有她一人。此外，新化也跟許多鄉鎮一樣，在時代巨輪的運轉下，絢爛漸漸歸於平靜，年年外移人口也遠遠多於留下來又或是返鄉的新生代。而老家在高雄的她，只因為到臺南讀書的這個緣分，讓她發現新化雖然不若臺南市區熱鬧和光鮮多彩，但是擁有許多雅致又獨特豐富的在地文化深深地吸引著她，讓她在生活、在創作上，有了對味的情感連結，更讓她在新化的傳統市場巷弄裡找到了一個屬於她的空間，可以揮灑圓夢的舞臺，更重要的是，也是目前在她心中所認定的人生第二個家。

說真的，比起許多藝術家們的工作室和空間，這裡確實小了許多，也樸實了些。但是在邊學習絞胎工藝，邊和黃歆淳聊天的過程中，我彷彿更能體會到「藝術來自生活；生活即是藝術」的真切道理，也更能感受到新化帶給她的量能。當然，更慶幸緣分的指引，在這個炎熱的午後，我不但認識了從文字裡走出並重生的老祖宗藝術智慧，還親手製作了屬於我自己的絞胎工藝，一個世上唯一的無價藝術品，好生歡喜。

在回家的路上，看著指尖上沾染的淡淡色印，想起了這回臺南新化的種種意外和驚喜，再轉頭看見映在飛逝車窗上的自己，那臉上的笑意，正清楚地訴說著，這緣分的兜轉，其實都是有原因的啊！

附近走走 Going Place

百年魔法新化林場，黑夜就是不懂白天的美

　　早上不到六點我便自然醒了。窗簾的背後透著光，我坐起了身，猜想著：今天應該會是一個好天氣。於是轉轉頭，鬆鬆肩膀後，起身向窗戶走去，而拉開窗簾的瞬間，我有些驚訝！因為昨晚我們很晚才摸黑到了這間位於新化林場的中興大學附屬旅店「學生實習館」。晚上一路前來，燈火漸少，幾度，我們還錯過了路口，腦海中一直浮現出不少的問號？特別是當同行友人堅稱這是在地人和網友們都非常推薦的新化住宿時，我在黑夜中搞不清楚它外面的樣貌，只覺得房間整潔帶有文青的雅致風格，住起來超乎原先的想像和舒適，就這樣帶些不安的期待和疑惑，糊里糊塗的睡去。而早上一開窗的綠意，還有空氣中飄散著淡淡地山林氣息，夾雜著霧氣中的薄薄水氣清新和微微日光暖意，好生舒爽，讓人嘴角不禁喃喃地說：「這裡的白天和夜晚也差別太大了啊！」

趁著早起，不想錯過好時光，我和友人相約準備到後面的林區走走。剛好，在櫃檯詢問林區步道時，林場大哥很熱心的跟我們簡單介紹了一下新化林場的故事，才知道舊名「大目降」的新化，在平埔族西拉雅語中為「山林之地」的意涵。早在 1919 年，也是日治時代的大正八年，當時的臺灣總督府相中了這裡豐沛林地的資源，在此成立「臺灣總督府農林專門學校」，隔年設預科及農業科、林業科。基於對農林教育之透徹理解，當時的校長阿部文夫基先生認為農林教育應以理論與實際配合教學，請求總督府將所保管山林移撥學校設立演習林，後來大目降里礁坑仔庄及廣儲東里庄面積共 340 多甲林地，作為臺南演習林，也就是現在新化林場的所在地。後來隨著二戰後及國民政府的歷史變遷及學術轉變，這裡也規劃為中興大學所有，因此，在地人也習慣用「中興林場」來稱呼它。

隨著時代的改變，林場的植被和功能也在改變。特別是日治時期的造林成效其實並不如理想，再加上戰後又遭盜伐，還有水土保持失調造成崩塌、山坑及溝谷的形成。一度還為了再生林地和重整植被，這裡也引進熱帶植物如咖啡、腰果、荔枝、文旦、番石榴和山刺番荔枝等熱帶果樹等種植試驗和研究。此外，1975 年起開始計劃性造林栽植，面積達 200 公頃以上，其中以大葉桃花心木林分布最為廣闊，而柚木、摩鹿甲合歡、茄冬、光臘樹、苦楝、樟樹、相思樹、麻竹、綠竹、刺竹等為輔，並於草生地開始嫁接檬果、龍眼等，漸漸成果豐厚。再加上養息重整後的林場一片鬱鬱蒼蒼，步道兩旁夾雜著花開芬芳的各式花草，時不時還可以瞧見大冠鷲、五色鳥和蜂蝶等在林間穿梭，生態資源豐富熱鬧為林場帶來了大翻身的新契機。1996 年時臺南縣觀光協會及中華日報共同舉辦「新南瀛勝景」八景十勝選拔活動，沒想到這裡的自然綠意、多元豐富生態再加上悠遠的歷史內內涵，一舉贏得十勝之首的寶座，自此以後，新化林場便成為臺南地區的人氣旅遊景點之一，更是在地人最熱門的森林浴和健行的勝地。

正所謂一個方塊有六個不同面向，雖然我們總是習慣眼見為憑，但是也別忘了，換個角度就會看見不同視野的道理啊！前一晚因為夜色遮掩新化林場的美，我差點就把自己限定在狹小的框架內。而一早走一趟林場步道，在層次豐富的綠蔭中；在抬頭偶見的透光葉梢間，還有一個個漫步而來的點頭微笑裡，我的嘴角也不由自主的微揚著。突然，我想起了徐志摩先生的「再別康橋」。我抬頭望著眼前巨大的桃花心木王，我嘴裡喃喃說道：「陽光從綠意裡斜著過來，幻成一種異樣的檸檬黃色，透明似的不可逼視，霎那間在我迷眩了的視覺中，這樹林變成了 ...... 不說也罷，說來你們也是不信的！」

這百年的新化林場，果然是座充滿魔法的綠色奇幻國度啊！

Information

新化林場

🏠 臺南市新化區知義里口埤 76 號

☎ (06) 590-0022

🕐 每日 06:00～17:00

❗ 園內設有多項活動設施、手作課程、植物展示區、餐廳、森林商店及住宿提供。

新化 林場

虎頭埤

虎頭埤，第一名何止是水庫

　　這些年在我的旅行上一直有個鐵律，那就是「不要期待！」因為，往往越是期待，越是容易和期待值，又或是預設值，出現落差和意外。所以旅行的越久，越能夠體會隨遇而安的美好，享受跳出框架的驚喜和樂趣。來到新化近郊的「虎頭埤水庫」，就是這樣的一個美好小旅行。

　　這天的天氣很好，虎頭埤水庫裡「虎月吊橋」橋頭的芒果樹結實纍纍，在陽光下帶著很誘惑人的姿態吸引著我的目光。而樹下的立牌上則很驕傲的寫著「臺灣第一水庫」，和「臺灣十二名勝」的字樣。原本，就只是看看資料而已。當友人們正熱論著芒果冰和芒果青時，突然，我的腦海裡閃起了小時候的兒時回憶。父親當年是桃園石門水庫的機械工程承包廠商，因為在那個年代，石門水庫可以說是臺灣自建水庫最重要的歷史分水嶺，工程的難度極高，為此，父親和家裡工廠的叔叔們還曾經登上報紙被表揚，在家鄉風光一時。而當我一個人走上吊橋漫步時，環看著水秀的景色，眼前這 1846 年也就是清道光 26 年完工的虎頭埤水庫，馬上便跟自己有了連結似的，好多畫面有了時空的穿越感。從黑白到彩色，清代的袍掛到日治時期的和服浴衣，再到戒嚴至解嚴，最後紙傘變成花花綠綠的洋傘，好生有趣。

我必須承認，在來虎頭埤水庫前，我壓根都沒有想到會有這樣的意外互動。特別是當我意識到自己滔滔不絕的說著小時候的水庫故事，還有高中時的第一次南下自助旅行，和同學們從臺北一路沿著水庫為定點座標往南行，從石門水庫到明德水庫、德基水庫到日月潭水庫、再從烏山頭水庫至虎頭埤水庫，沿途借宿水庫附近的同學家時，彷彿這一串的連結都有了答案。而如今再度舊地重遊，回憶翩翩，虎頭埤的水色和景致依舊朗朗，在時空和笑語中，識和不識間，也別有一番滋味啊！

至於說到了歷史，在官方正史裡，虎頭埤水庫被列入頭條記載的是臺灣第一水庫的美名，而且光芒聚焦於清道光年間。然而在坊間的野史裡，虎頭埤水庫的歷史更加久遠。遠在17世紀，遠在380多年前荷蘭人教導西拉雅平埔族築埤頭引水灌溉有利農耕，當時所築的埤頭續水地，就是在虎頭埤！

在園區人員的導覽下，才知道在虎頭埤水庫的側門外，還有一個很特別的歷史紀念，待我們好奇的跟著前往，一瞧，才知道這裡還保留著日治時期留下來的超巨大「鳥居」，而且還聽說是目前臺灣碩果僅存的大型鳥居。至於當年這個鳥居之所以能避開被拆除的命運，聽說是在地人靈機一閃，在上面書寫了大大的「反共」標語，這鳥居也就險為夷了，好生有趣！聽完了那些藏在巷弄中的歷史趣事，再回頭望著藍天下的鳥居，想想，鳥居在日本的宗教裡是人與神的結界，而在這裡，跨越了歷史的頁章，倒也成了兩個時代、政權的交界，不禁讓人莞爾一笑。

對了，虎頭埤除了是水庫和日本鳥居建築第一名外，裡面還有一個臺灣第一，那就是新化人的驕傲之一的「蟋蟀生態館」。說到蟋蟀，這個俗稱「黑龍仔」或「蟋蟀仔」的昆蟲，看似不起眼，生長在鄉間田野裡，卻在華人的社會和歷史中一直有個特殊的地位存在。

其中的「鬥蟋蟀」這件事，則算是流傳千年的古早味老少咸宜的農村休閒活動代表。而鬥蟋蟀在新化，不但成了備受重視的活動，還曾經吸引美國 ABC 電視臺來此拍攝節目，一躍成了國際知名的特殊賽事活動，也華麗轉身成為新化的「吉祥物」代表，在新化處處可見牠的百變身影。

至於這座全臺第一的蟋蟀生態館，裡面飼養著兩千多隻的蟋蟀外，還展示了許多和蟋蟀相關的故事、圖片，以及從古至今各種不同造型的的蟋蟀籠，知識庫非常豐富。倒是在我們造訪的當天，意外的看見正在「脫殼」的蟋蟀。能就近親眼目睹這個生態過程，有如走進了電視動物星球頻道的現場，長知識外還見證了生命的觸動，這收穫，煞是難得啊！

Information

虎頭埤風景區

🏠 臺南市新化區中興路 42 巷 36 號
☎ (06) 590-1325、(06) 590-7305
🕐 每日 06:30~18:00
❶ 園內尚設有多項活動設施。

新化之光，比神奇更神奇的地瓜故事館

我們的車子還沒有停妥，我就被這迎面而來的牆上彩繪所吸引。原本我以為友人口中的新化之光，就是這面宛若時下最受歡迎的網紅打卡景點。後來才知道，這面牆的主人－邱木城董事長用「蕃薯（地瓜）」產業讓臺灣揚名海外，而這裡則是以觀光工廠的方式，吸引了來自各地的遊客，促進和帶動了新化的地方旅遊產業，說它是新化的產業之光，可是一點都不為過啊！

我們所在的位置是新化的「瓜瓜園地瓜生態故事館」，而剛剛在停車場的那面彩繪牆，則是他們與崑山科技大學公共關係暨廣告系產學合作的大型塗鴉牆創作。這面牆上的彩繪看得出有新世代的思維，各式各樣由地瓜變身的造型人物和怪獸相當吸睛外，而且還有貼心指示，告訴你那裡適合拍照，看得出它的年輕企圖心和宣傳渲染力，也感受得到企業主提供創作空間平臺，回饋社會並造成雙贏的成效。而走進了故事館後，才發現這個故事館宛若一個小型的遊樂園，把在地故事和地瓜知識透過不同的空間、展示、互動等，除了有高娛樂性外，還具有教育、文化等功能，讓人玩得相當開心。

我必須承認，對於地瓜，我一直有種理所當然的認知。特別是小時候在新竹的客家庄鄉下長大，對於地瓜，不是在飯桌上吃到，就是在田地裡的土窯裡燒烤玩樂著，又或是外公的床下永遠有撈不完的地瓜。而我，也因為從小愛吃地瓜，長得肉肉的，鄰居的叔公、阿婆們每每一見到我，就笑瞇瞇的喊我「蕃薯仔！」只是我萬萬沒想到，原來我以為很熟悉和瞭解的地瓜知識，其實是非常局限的。

首先，像是地瓜吃了到底會不會造成肥胖呢？地瓜和馬鈴薯是同一族群嗎？究竟地瓜要不要連皮吃呢？此外，地瓜有那些品種？又有那些差異？還有，地瓜是臺灣本土種？還是外來客呢？這一連串的問題，直到逛完一圈故事館，我才恍然大悟，這看似不起眼的地瓜沒想到學問還真大啊！不過，最讓人驚訝的，還是全臺的地瓜種植面積約 1 萬 310 公頃，其中有 2 億條地瓜都送往臺南新化來加工和代銷。也就是說，我們在外面所吃到的地瓜，如大賣場裡新鮮、或冷凍的地瓜，速食店、小吃攤，甚至便利超商裡烤架上的那些地瓜，大部分是來自這家瓜瓜園生產製作的！也無怪乎它博有新化之光的美名了。

當然，這家地瓜生態故事館以多媒體互動方式呈現地瓜的種植智慧，讓訪客有寓教於樂的效能，而他們運用地瓜多元開發的產品，也讓人見識到臺灣在食品加工上的軟實力。更重要的是，產、官、學的合作機制，只要懂得從消費的「滿足」和「感受」出發，產品不在乎大小，即便是小如地瓜，也是可以闖出一條大道的，不是嗎？

Information

瓜瓜園地瓜生態故事館

🏠 臺南市新化區中正路 65 號

☎ (06) 590-2966

🕐 週一至周五 09:00~16:00
　　假日及特定假日 09:00~17:00

❗ 園內設有產品銷售區。

薈萃左鎮

ZuoJhen

耀眼感念自然的美好

關於「感動」這件事，從來都是不需要理由的。

如同品一口茶，飲一杯咖啡，
餘韻，在於自己味蕾上溫存的滋味。

沒有時間和靜心的品嚐，是體驗不到那欲長還留的溫存感的！

品茗如此，旅行亦然。

恬靜，
是一曉療癒的孟婆湯，
在呼吸間，就遇見了美好！

左鎮印象
True Colors

欲走還留，我把心悄然地留在了左鎮

他們說，當下過雨後，記得來左鎮走走。

一開始聽到這句話時，我有些不客氣的噗哧一聲笑了出來。雨後的左鎮，會比晴天的左鎮還要不一樣嗎？顯然，我真的是不瞭解左鎮，所以我會理所當然地小看了它。

直到那一天，下午突然下起了如豆大的急降雨，那雨下得很不留情面，彷彿把整個左鎮都翻轉過來狠狠地洗刷了一遍。原本我還很擔心這雨會影響接下來的旅遊行程，直到雨停後，陽光灑在草地上，那出奇乾淨的光影，穿透了我的指間，喚起了我在旅行上的回憶，那種說不上來，卻又是很熟悉的感覺。我就站在山路邊，望著遠方正在換色的山稜線，靜靜地沉澱著。

隔天一早，我們一行人在「二寮」，心情激動著。我當下想起了那年在大陸北京和承德交接的金山嶺長城上，眼前那讓人難忘的山光、雲騰景致。也就在轉身的那一瞬間，我終於明白了他們口中那句：「當下過雨後，記得來左鎮走走！」的意思了。

下山時，我頻頻地回頭遠望，臉上掛起了一抹一切盡在不言中的笑意。

後來，我在左鎮光榮國小的校長室，無意間看見了牆上一張國際小提琴家曾宇謙的照片。聽著蔡坤良校長聊曾宇謙是如何到小學中和小朋友們互動，腦海中盡是每天早上我在家中的咖啡時光，音響裡流瀉出熟悉的小提琴樂音，思緒翻轉如舞翩翩。那眼睛看見的，耳朵聽到的，彷彿自己的童年無憂時光，正和光榮國小的小朋友們重疊著。是誰說，鄉下小學的資源注定要匱乏的呢？

如果你知道，光榮國小的裡面，其實共構著一座全臺唯一的化石主題園區，我想，我的羨慕，在你的嘴角微微發出一聲「哇！」的共鳴中，已經得到了驗證。

　　就在抵達臺南高鐵站準備離去時，天空又下起了豆大的急降雨。就如同電影「哈利波特」要結束前，螢幕上的風雲變色，是終點，亦可能是起點，誰也說不準，不是嗎？但是望著車窗外飛逝的景致，我清楚地知道，我的心忘了跟我上車啊！

二寮 日出

當太陽還睡眼惺忪，天空只是泛著微光時，那山下被雲浪擁抱的山林，隱約的剪影，時而潑墨，時而石綠帶青，一場宛若如張大千的潑墨山水，靜中帶動，正悄然的在眼前展演。

而沿著光的索引，遠方一層層山巒，則是由鈷藍、靛青和海軍藍的聯手下，必現代畫家席德進的晚期水彩風格，大筆淫染呈現靜謐、沉著的水彩畫風，演繹那樸實純粹的延伸之美。

就當陽光攀上了山頭，放射的光芒，溫暖的金黃，則把這山下的生氣，在薄霧雲騰的律動裡，瞭然盡收眼底。

此時，臉上泛起的那一抹笑意，剛剛還在掙扎4點清晨起床的苦痛，就隨著雲淡風輕的一句：「值得！」一切盡在不言中。

前三名的夢幻日出，我說了算數！

　　這是那一天我們在「二寮」下山時，我等不
急在車上就寫下的感動心情。每一回再看見那天所
拍攝的照片和這段文字，我還是會在心中泛起一陣
激動的小漣漪，點頭認同，真的好值得啊！

我必須承認，我自己是美術和攝影科班出身，也遊走世界大半輩子了，自然美景看得多，對於「美麗」這兩個字的門檻，自我的設定，確實比別人高了些！因此，每每聽見有人形容不得了的美景時，我總是失望多過於期望。很多時候，一眼看穿那些運用電腦後製修飾過的美景照片，久了，也有些無動於衷。

當有天我在臉書上面看見一張二寮的日出美景時，深深地被那光影、雲海和山巒層疊的景致所吸引著。而仔細一瞧，這作品的攝影師恰巧是我所認識的臺南在地好友，於是馬上和他取得聯繫，要確定二寮的自然日出美景，是否真正如實？也因為有了他的掛保證和願意陪同前往，那天凌晨四點我們摸黑出發，徹底的改寫了我心中日出美景的排名！

我想，如果你也跟我一樣著迷於日出美景，會清楚的知道，日出的美，不在於太陽本身或是乍現的那一瞬間。而是那大地是如何甦醒？那紫紅天空和粉紅、橘紅又是如何的共舞？最重要的前景，是無限延伸的山巒起伏？還是畫龍點睛的人文建築，聚焦了故事的張力？又或是翻騰的雲霧，在迷濛中，帶你走進了不真實的幻境之中！

我們所稱做的完美日出景致，不應該只是一幅畫作，而是一場交響樂曲。在一波波的交迭中，如夢似幻，讓你屏氣凝神，讓你的內在情緒波濤洶湧，更讓你手上的相機快門喀擦不停。

我們真的很幸運。那天在二寮的光影、雲彩和山景都非常的到位。而完全超出我意外的是，二寮的山巒起伏層次之豐富，竟然超越了那年我在大陸「金山嶺長城」上所看見的日出山巒景致！雖然，那獨一無二的長城景觀是不可抗衡的無敵優勢。然而在二寮，山林間夾雜的「月世界」，由泥岩、砂岩、頁岩等構成的青灰岩、白堊土地形，也同樣為這裡的景觀增添不可取代性的美麗。特別是在雲霧中若隱若現的美，很多時候，會讓人誤以為走進了山水畫裡啊！

正當我沉醉在這眼前讓人怦然心動的美景時，臺南在地的友人轉身向我笑了笑說：「還好，昨晚下了一場雨！」霎時，我的嘴角緩緩揚起笑意，一切盡在不言中。

離開二寮後，在我心中的最美日出
排名，又重新有了變化。二寮的日出，夢
幻的讓人屏息，而且輕鬆易前往，我想，
擠進前三名，絕對有理。

Information
二寮日出

🏷 免費

🌐 西拉雅國家風景區管理處官網：
https://www.siraya-nsa.gov.tw/zh-tw/
attractions/detail/30

迷樣的月世界

　　所謂的「月世界」，就地質學的觀點來說，其實是由泥岩、砂岩、頁岩等構成的青灰岩、白堊土地形。

　　特別是白堊土地形主要的成分泥岩是由砂及黏土所組成，因此遇到雨水吸水後，土質容易軟化而且表面會結成糊狀，當乾燥後，最表面層容易成薄片狀剝落，然後產生龜裂。當日復一日重複性產生變化時，再加上不同質地的岩石和土壤的組成，以及雨水沖刷切割下，就會形成表面粗糙和不平的惡土樣貌。此外，這外觀有如寸草不長的特殊惡土景觀，還有一個惡上加惡的自然狀況，就是每逢進入冬季的寒冷氣候時節，土壤表面的水分會被乾燥空氣吸乾，因此，原本蘊藏在土壤裡的鹽分礦物，曝曬在陽光下後就會顯現在土壤表層，這時，整個白堊土地形滿佈一層白色細鹽，呈現灰白色及荒漠的景象，了無生氣，宛若侏羅紀世界之後地球表面受淹沒程度最大的「白堊紀」時期之景致。

月世界

不過，白堊土地形雖然樣貌有如惡土，但是也不盡然是百害而無一益的地質。由於泥岩的黏土層富含鈣、維生素、鐵等礦物質，再加上表面風乾的鹽分礦物，和土壤排水性佳的先天優勢，反而成為栽種「芒果」的最佳風土。因此，臺南的愛文芒果之所以香氣十足、果肉彈性好，還有口感佳，都要拜這白堊土地質所賜啊！

至於「月世界」一名的由來。有一說法，因為在明月照射下，灰白惡土的會隱約發出點點熒光，乍看下和抬頭觀看的月亮景致如出一轍，因此有了月世界之名；另一說法，則是日治時代的高雄州長「或岡山郡長」，因為中秋月光下機緣巧合看見了惡土的反光景致，認為這不是惡土，而是在月亮裡才會出現的美麗夢幻景致，大為讚美而就地取地名為「月の世界」，從此惡土化身月世界，變成美麗的觀光地形。

目前從臺南到高雄，都有相當多的白堊土月世界地形，也同樣部分被開發成水果栽種和觀光景觀價值。西拉雅國家風景區範圍內，最知名的白堊土世界地形為左鎮「草山月世界」、大內「二溪的月世界」；若想多觀賞月世界地形之美推薦可預約大內走馬瀨農場住宿，打開窗戶和陽臺，便可以輕易的將月世界地景之美盡收眼底。

時光故事

Melodies of Time and Beauty

在名字之前，用文化歌聲和祭典存歷史

頭社西拉雅族公廨祭壇裡，我們在陳慶豐總幹事的帶領下，拿起了檳榔虔誠的向「太祖」祈求平安，也保佑我們的工作順利。這應該是我這輩子參與過的所有祭祀活動中，第一次使用檳榔來祈福，也讓我重新看待了「檳榔」的不一樣！

我也必須承認，在認識「西拉雅」的過程、族群的人文意象裡，仔細整理起來，除了西拉雅族語的歌聲外，一年一度的「夜祭」活動應該是目前最能代表西拉雅族的具象文化。畢竟，這些年來我們或多、或少聽過或是知道西拉雅這三個字，但是在「名字」之下，我們能夠理解的西拉雅還是很有限。就如同我在頭社夜祭現場認識的幾位遊客，他們也直觀的說出，雖然參加了導覽解說活動，從照片和文字的述說中，可以大概瞭解西拉雅族文化的輪廓，知道他們對於族群「正名」這件事的重視。然而在內容上還是模糊多過於認識和理解。直到當夜祭進行到了晚上十一點多時，在「牽曲」的進行中，才開始對於西拉雅族文化的認知，有了不一樣的體悟。

根據資料顯示，西拉雅族的「夜祭」最主要是為了追思祖靈，以及感謝自然與生活之間的歲時祭儀。其中的追思祖靈，是表達對「太祖」的感恩與祈福。因為在西拉雅族的信仰裡，太祖（部分地方亦尊稱太祖為阿立祖、阿立母和老祖等）喜穿白衣，好喝酒，嚼檳榔和居住清靜，不但保護著族人的平安，亦可懾服孤魂野鬼的「向」*註收入壺甕中，不為害民間。這也就說明了為什麼西拉雅族的公廨（祭祀和聚會的場所）大多位於郊外，而檳榔則成了重要的祭祀元素之一了！至於在祭儀過程中，最能反映西拉雅文化的三個要素，則是「向」、「豬」與「牽曲」。

此外，夜祭中還有一位靈魂人物，便是被尊稱為神的代言人「尪姨」。尪姨的身份很多重，在舊有的傳統社會中，她是可以為族人治病、祈福消災的巫醫。在夜祭的儀式裡，她則是傳遞太祖訊息橋樑，並且以唱向、說向、唸咒來主持儀式，還要帶領唱牽曲娛神，並在公廨廣場獻豬來敬拜神靈。在平日生活中，她則具有凝聚、約束族人的力量外，還肩負信仰、語言及文化傳承的重要角色扮演。

至於在夜祭現場，西拉雅族人身上另一個重要的元素，則是用族語稱為「Halau」的花環！這個由甘蔗葉編成，上面再加上圓仔花、雞冠花、檳榔花和澤蘭等共同組成的花環，在傳統信仰裡，它擁有庇佑族人的力量，其中族語為「Ihing」的澤蘭是信仰中的神物，是祭器，也是平安符。

每一個地方西拉雅夜祭舉行的時間並不相同，而在頭社地區的夜祭每年則固定在農曆的 10 月 14 日及 15 日兩日舉行。其中最主要的儀式過程有：（1）迎神（2）點獻豬（3）拜天公（4）牽曲（5）翻豬禮（6）再牽曲（7）禁向。

而根據現場族人的介紹，如果將夜祭用三幕曲的概念來看，「點豬」則是首幕曲的焦點所在。為了答謝太祖、老君的照顧，族人會奉上一頭全豬做為獻禮。在點豬的儀式中，尪姨將酒倒入豬隻口中，並以刀子拍打豬頭，則代表太祖點收此祭品。

牽曲，則是第二幕的重點所在。約在晚上10點後，進行牽曲敬神。此時在公廨前方廣場，有三個拼有牽曲圖案的地方，上面擺放著祭祀用品，年輕的族人們則手牽手吟唱西拉雅古調歌謠和舞蹈，隨後尪姨加入，再將族人的心意傳遞給太祖。

至於第三幕的「翻豬」，最主要是還願族人和其他相關人士共同跪拜，在取得祖靈回應後合力將豬隻翻身肚朝天，則代表點收完祭品，此時祭典也告一段落。而在夜祭裡所傳唱的歌曲，所展演的舞蹈，也將封印，不再對外展演，直到下一回的夜祭，才能在公廨上解封演繹。

當然，參加夜祭，是瞭解西拉雅文化最具體的認識。然而看見許多年輕的族人們參與，成為文化祭典的一部分，那才是最讓人感動的地方。畢竟，西拉雅族的正名，還待牽成。

在名字之前，如果連文化都消失了，才是最讓人遺憾的一件事！因此，在名字之前，西拉雅族人繼續用文化祭典、用古調歌謠的歌聲，說故事、寫歷史。我們則用實際的參與，來回應族群文化的尊重和珍惜。

* 註：「向」在西拉雅的信仰中是祖靈存在與表達的形式。他們會透過開向儀式，將祖靈請到壺內水中，並且祈求保佑眾人平安。

我家小學是侏羅紀公園

我還記得第一回造訪洛杉磯的「自然歷史博物館（Natural History Museum of Los Angeles County）」時，原本打算只花一小時在館內逛逛，卻沒想到一到了「恐龍館」後，我的腳彷彿就自然的黏在地板上，完全不想移動！特別是眼前的霸王龍 (Tyrannosaurus Rex) 和三角龍 (Triceratops) 的恐龍標本，明明是只有骨骼的標本，但是那動態感所展現出來的擬真性，引人入勝，很是讓人震撼。而正當我因為看得出神，微微張嘴的同時，側目看見站在旁邊的小朋友，也和我用一樣的姿勢，嘴微張一樣的角度，我不由自主的轉過頭去，兩人相視後竟然同時冒出：「It's so cool!」當下，我清楚的意識到一件事，在恐龍之前，沒有大人、小孩之分，只有興奮和滿滿的幸福感。

只是，回到臺灣後，每每一想到當年的恐龍美好回憶，就讓人感到嘆息。

畢竟臺灣的環境不若美國廣大，也不像美國許多國家公園內，都可以輕易的發現到恐龍骨骸或是遠古時期的化石，而且要飛一趟美國需要長途跋涉，非常不易。直到來到位於左鎮的「臺南左鎮化石園區」，才真實的意識到住在臺灣真好，我們雖然是座海島，但是我們什麼都有，在臺南左鎮化石園區裡，依舊可以一圓和侏羅紀世界的恐龍有個美好時光啊！

根據資料顯示，臺南左鎮化石園區於2019 年 5 月，整合了原菜寮化石館、自然史教育館，並與光榮國小共構，不但是臺灣第一座化石博物館，還結合科學考古、教育推廣以及觀光休憩功能於一身，呈現出「化石的原鄉複合式博物館的獨特樣貌。不過與一般博物館和文化休憩中心最不一樣，也算是最具話題性的特色，就是他們和左鎮的光榮國小共構在一起！當我在走廊上看出去就是小學生在校園內的歡樂笑顏時，我突然好羨慕這些同學們，因為他們的小學就是在現代侏羅紀公園裡啊！如生有趣。

左鎮化石園區

　　一進博物館，映入眼簾的是空中一群梅花鹿急奔而來的畫面，視覺景觀很聚焦，也很顛覆傳統博物館的既定印象，彷彿在宣告著，世代從此不同，讓人打從心裡期待著博物館要帶領我們奔馳到何處去？接著，自然史教育館、故事館、生命演化館、化石館及探索館等五個場館的通道用不同的石牆、清水混凝土加磚，呈現出各個沉積岩層堆疊，凸顯出化石的意象特色。此外，集成材、金屬板、天井、天橋和自然光影的多元呼應，在美學上跳脫傳統公家機關的硬體架構模式，單是這參觀動線和說故事的方式，還有視覺導覽就讓人讚賞，心中念著：「臺灣終於有一間有想法、有遠見、有趣味，還有國際水平的質感博物館了！」

　　至於化石園區為什麼選擇在左鎮？又為什麼要和光榮國小共構呢？原來附近的菜寮溪流域是得天獨厚的化石寶庫，追溯回 1931 年，當時臺北帝國大學地質學教授早坂一郎和當地陳春木先生，在菜寮溪流域採集許多鹿角化石後，又陸續發現許多珍貴古象、犀牛、水牛等動物化石。而來到了 1970 年代，這裡所撿拾的左鎮人頭蓋骨，分析研判為距今約 3000 年前。此外，後來的發現犀牛牙齒，更被研判為距今 90 萬年前到 45 萬年前的犀牛。慢慢地，這裡便理所當然的成為臺灣最重要的臺灣古生物和化石的重鎮。

Information

臺南左鎮化石園區

🏠 臺南市左鎮區 61-23 號

☎ (06) 573-1174

🕐 09:00~17:00 最後入館時間 16:30
（週二休館）

🎟 全票 NT$100
優惠票 NT$70
半票 NT$50

也因為地緣和教育的契機，光榮國小於 1978 年成立了鄉土文物室，展出和收藏逾千件師生們在菜寮溪撿拾的化石，並受到當時各界和政府機關部門的重視，便於 1981 年正式整合催生出菜寮化石館。因此左鎮化石園區的整合以社區的概念將原菜寮化石館和光榮國小為基地，再發展出自然史教育館、故事館、生命演化館、化石館及探索館等，並加入在地西拉雅的人文元素，將建築量體打破後再串連一體的設計巧思，就是設計師廖偉立建築師為臺灣第一座化石園區所規劃出來的方舟願景。

　　目前化石園區的自然史教育館以左鎮的地層岩壁、化石挖掘、河床化石觀察等多元互動裝置為主；故事館則介紹了西拉雅族文物、化石爺爺陳春木先生的故事；生命演化館以海洋生物為主軸，從遠古的恐龍到近代的海洋生態，見證生命演化的繁盛與衰落；化石館則將展示重心放在菜寮溪流域的化石記事；最後的探索館，揭曉左鎮人之謎，並且可以在化石清修室一睹化石的復原實況。

　　當然，也有不少單位和私人捐贈，這裡的恐龍骨骸標本和化石，也是相當精彩喔！

許一個臺南人的北海道札幌美好時光

　　那一天下午的陽光暖暖，我和友人一手一杯蒂芬妮藍的可爾必思冰沙，坐在紅磚牆前的大樹下，嘴裡的滋味很日本，放眼望去的景致也很日本，一陣風微微的吹來，連那份陶醉，都很日本。我不經意的脫口而出：「這裡好有北海道札幌的感覺喔！」只見友人一動也不動，望著前方的綠蔭，吸一口冰沙，點點頭說：「對，我們在北海道的札幌！」

　　老實說，一開始聽見友人要帶我去「山上花園水道博物館」時，我的第一個反應是「是要去山上的花園嗎？」原來我誤解了。我們要去的地方的地名叫做「山上」，而「花園水道博物館」則是 2019 年才整修完畢並且正式對外開放，早期在日治時期對於臺南相當重要的「水道」主管機關單位。只是，當搭乘園內的遊園車緩緩進入園區時，眼前的畫面，很難跟我們現在熟知的博物館，又或是水利工程單位畫上等號。因為這裡的占地廣大，再加上修復的非常好，時間在這裡，不但沒有繼續前進，反而是回到了日治時期的時間軸般，優雅的停留，而且就連空中所飄散的氣味也有著淡淡地不同，讓人好生錯亂中又帶有點點驚喜。

水道花園博物館

根據官方的資料顯示，時間回到 1897 年，當年被臺灣總督府聘為衛生工程顧問，來自英國蘇格蘭愛丁堡的「威廉巴爾頓 (W.K. Burton)」，來到臺南協助衛生環境改善和進行民生用水的水源、水質調查。隨後在 1912 年和他的學生兼助手，來自日本的濱野彌四郎，開始建設了「臺南水道」，運用山丘地形的優勢和重力排水方式巧妙的結合，提供臺南市區民生用水。不過，這套系統雖然成功的協助臺南的民生用水和衛生環境的改善，但隨著時代和技術的演變，附近的烏山頭水庫、曾文水庫與潭頂淨水廠也陸續完成並且接續臺南水道的任務，1982 便正式功成身退走入歷史。還好，這裡的整體環境、建築與空間等，均保持著良好狀態，2002 年被指定為縣定古蹟外，臺南市政府更是積極的進行修復，最後和農業局苗圃完成整合，並於 2019 年以「臺南山上花園水道博物館」之名義正式開放參觀，讓民眾可以一睹日治時期衛生工程現代化的發展歷程。

目前臺南山上花園水道博物館的園區規劃為花園區、博物館區和密林區為主要的三大區塊。

從大門口進入後迎面而來的便是花園區，這個區域有三大重點，一是琉球松，二是高爾夫球場，第三則是裝置藝術。

單從字面上來看，琉球松和松樹應該是有著密切的關係。而松樹在華人文化裡，不但是傳統藝術山水畫中重要的繪畫素材，在民間習俗裡更是長壽的象徵。過往一般人所熟知的松樹大多以大陸的「黃山松」為代表。臺灣則因為氣候和生長環境的關係，松樹並不常見，較有代表性的松樹，則是生長在山區並且有著二針一束的松樹，被命名為「臺灣二葉松」。至於琉球松，顧名思義，是生長在琉球群島的松樹。不過，根據科學家們採用 DNA 的分析得知，大陸的松樹自成一家，臺灣的二葉松和琉球松，在 8 百萬年前是一家親，現在則是各自分家！目前在臺灣的琉球松，大多數是屬於日治時代從日本移植到臺灣栽種。而臺南山上花園水道博物館的花園區中，名為「宮之森圓環」的內部，也有兩株挺拔的琉球松，不僅擁有近 90 歲的樹齡，而且還來頭不小，乃是 1933 年 7 月由日本皇族「伏見宮博義親王」親手栽種的琉球松，因此，又有「親王松」的別名！

現在所看見的山上花園水道博物館是以花園和紅磚建築為視覺主軸，事實上這裡還曾經設置了一座 9 洞的高爾夫球場，而且建成時間比淡水的高爾夫球場稍微晚些，雖然是全臺第二座高爾夫球場，在當時卻是臺灣最大的高爾夫球場喔！因此，伏見宮博義親王當年視察這裡的水道設施，另一個重點，其實是要來此打高爾夫球的。也因為他的到訪，這座球場日後被稱作「宮之森高爾夫球場」。

不過，隨著時代的變遷，高爾夫球場已作廢了，現在美麗轉身成為花園區，球場綠茵不見小白球的蹤跡，倒是進駐了不少的裝置藝術，其中還有不少件作品是保留自「漁光島藝術季」的作品，讓整個環境增添更多的文藝氣息和色彩。

博物館區算是這裡的主角也是國定古蹟。目前共規劃出 A 館「快濾池室」、B 館「快濾筒室／辦公室」及 C 館「送出唧筒室」。快濾池室是地下一層、地面一層之加強磚造建築，主要是將取自曾文溪的溪水經唧筒揚水至沉澱池沉澱，截留原水中的懸浮固體、細菌、微生物等雜質，進行快速過濾後產生淨水的功效。目前這座快濾池室是 1952 時臺灣自來水公司所增建，所陳設的主軸則是水泵馬達以及濾水結構，還有相關性的知識與歷史，以及地下層保留完整快濾池管線等。

相較於整個園區內的其他設施，B 館的「快濾筒室」則宛若主角中的主角，光芒耀眼，一開幕便成為最吸睛的話題焦點。而當我和友人踏入 B 館的第一個反應，眼前一字排開的雙側 14 座巨大快濾筒，搭上挑高空間和木架高樑及太子樓的設計，光影穿窗而入，就是有種錯置在歐洲大型釀酒廠的感覺。這畫面好生驚艷，讓人不由自主的拿起手中的相機，就想在各個角度上喀嚓、喀嚓不停！

　　老實說，把 B 館的快濾筒室用主角中的主角來形容，其實一點都不為過啊！畢竟這 14 座的快濾筒，當年可是從英國進口而來，而裡頭用來濾水的，還是來自義大利的白沙。此外，為了安置和保護這些快濾筒，主量體的建築工法，乃是採用磚造承重牆結構系統的廣間型建築，外側還設有扶壁柱來增加牆體抗震力。而挑高屋頂上的木桁架，在其水平橫樑中間還以鋼索增加抗拉力，並且增開多面窗和利用浮力通風原理將熱空氣往室外排出。單是這些設備的價值和建築工法的智慧，在日治時期來說，就是傾全力將時代之最放在這個空間裡，即便是以現代的眼光來看，那有形和無形的價值，都在持續閃耀中。

　　在快濾筒室的後面，透過照片和瓶瓶罐罐的還原，感受得到那些年在這幾間辦公室裡的忙碌和謹慎。

　　至於 C 館的「送出唧筒室」，主要有 4 組唧筒機，而「唧筒」就是馬達、幫浦，它的功能則是將快濾後的清水進行水量調節，再將水藉由火力產生動力輸送到地勢較高的淨水池區。不過，因為唧筒機在當時是以火力轉化動力，因此，這裡特別設計挑高空間加上多面窗戶通風功能，並且巧妙的設置「搖窗機」來控製窗戶開關。在每一個環環相扣的小細節中，在在展現出舊時代新科技的工程智慧，令人讚嘆。

　　而沿著 189 階的步道盡頭就是淨水池所在之地，沿途遍植了櫻花，還有一座宛如碉堡式的建築物，再加上頂部有覆土與植被以及 59 座鑄鐵通氣管柱，景觀特異，自開幕以來便成了在地人和攝影愛好者的新秘境。而走到後方的淨水井門上，還可以看見有一個「南水」的圓形標誌，則是當年臺南水道的標誌，充滿歷史的韻味。對了，這淨水池內目前是蝙蝠的棲息地，因為有不少特有種，而為了要保護蝙蝠生態則不對外開放！

至於參觀臺南山上花園水道博物館的園區，除了壯觀華麗的硬體設施及如詩的時光況味外，不得不瞭解和感謝的幕後推手，則是有臺灣自來水之父雅號的威廉巴爾頓和濱野彌四郎。不過，巴爾頓雖然開啟了臺灣自來水的生活新紀元，卻也不幸的在臺灣的水道探勘中罹患瘧疾，在短暫停留臺灣後返回東京，最後於 1899 年因肝病而病逝於東京。而他的學生濱野彌四郎則繼續留在臺灣，肩負起治水任務，在臺工作的 23 年間，陸續完成基隆、臺北、臺中、嘉義、臺南、高雄等水利工程。由於自來水工程的構築，讓臺灣的用水環境和習慣均大大的改善，迎接了民生新時代的來臨，也大量減少因為民生用水而誘發的疾病，濱野彌四郎的貢獻良大，在當時還獲得了「都市醫生」的尊稱。雖然人們感念他的貢獻，還曾經樹立他的銅像在園區裡紀念他。但是隨著時代的更迭，水道園區的荒廢，許多的故事都走進了歷史，就連銅像也莫名消失在時間的長河中。還好在 2000 年，奇美博物館創辦人許文龍先生特別感念濱野彌四郎的故事，捐贈新的銅像並展示於園區圓環前，讓這段沉睡的歷史，再次在臺南和煦的陽光下，溫暖的閃耀著。

　　連續來了這裡好幾回，除了喜歡這裡的故事和環境外，無論是站在 B 館辦公室裡的窗前，還是在綠茵的藝術品旁，又或是紅磚牆的一隅，乘著涼風徐徐吹拂，再望著大樹下笑語連連的遊客身影，總是有那麼一瞬間，彷彿錯身在日本札幌的北海道大學的校園。而嘴角微揚的笑意裡，不經意的洩露出對臺南人的羨慕，不用飛日本，就擁有了屬於臺南式的札幌時光啊！

Information

臺南山上花園水道博物館

🏠 臺南市山上區山上里山上 16 號

☎ (06) 578-1900

🕐 09:30~17:30（週二休館）
　　16:30 最後入園時間

🎟 博物館區
　　全票 NT$100
　　半票 NT$50
　　淨水池區 - 免費
　　（戶外建築可參觀，室內不開放）

水道咖啡，就是要給你滿滿的蒂芬妮藍時髦！

點餐區

　　我喝了一口咖啡，然後抬起頭望著眼前好幾層樓高挑的空間，那白色的牆面和木窗外帶著綠蔭的光影，還有木質天花板，帶我的思緒飛得好遠。一會兒到了歐洲，一會兒又迴盪在北海道札幌。突然，友人很興奮的說：「士凱哥，快嚐嚐，這霜淇淋是北海道牛奶做的，而且上面撒了海鹽，這吃起來的口感，好像我們在北海道鄂霍次克流冰館裡面吃到的霜淇淋，好好吃喔！」

　　隨後，我也點了一份嚐嚐，那撒在霜淇淋上面的藍色海鹽，還有霜淇淋本身的滋味，確實很有北海道的風情，意外的讓我對這家「水道咖啡」餐點的質感很驚艷，也完全破除我對時下流行的網美店都是中看不中吃的魔咒，好生歡喜。

　　我必須承認，臺南花園水道博物館嚴格控制園區內的餐飲品質，而且水道咖啡的餐飲規劃也很不一樣，單是從色系的選擇，視覺設計和品質的管控，很有「品牌」的概念，讓我很是欣賞。特別是從「水道」的「水」元素，衍生出來的年輕時尚「蒂芬妮藍」為主要視覺色彩，不但讓擁有歷史味的建築空間場景跳脫出傳統制式框架，更善用一復古、一時髦的互補手法，在乾淨的線條中展現出文青的潮味。也無怪乎他們一開幕後，就讓年輕族群趨之若鶩，紛紛在網路社群平臺貼出各式各樣的美麗照片，除了形塑出網路新興話題外，也創造不同的行銷宣傳策略，令人驚艷。

水道咖啡

這裡除了飲品、咖啡、霜淇淋外，還有起司堡、日式烤飯糰、奶酪蛋糕、冰心銅鑼燒等不同的鹹食和點心。對於想要暫時休憩一下，是不錯的選擇。至於喜歡「夢幻冰沙」的朋友們，位於 B 館旁，濱野彌四郎雕像後面，那裡的蒂芬妮藍可爾必思冰沙，可是臺南時下最有代表性和話題性的人氣冰沙，更是臺南花園水道博物館限定！

Information

水道咖啡

🏠　C館的「送出唧筒室」

☎　(06) 578-1010

🕐　09:30~17:30 (週二店休)

官田菱角

官田驕傲，就是要有菱有角

　　我們的車子開在臺南官田的道路上，遠遠的，就看見路旁開擴的菱角田上，一位大姐正穿上防水的青蛙裝，提起了扁平狀的桶子，準備下水去整理菱角田。這畫面，其實不過是在眼前一晃而過，然在卻彷彿有種魔力般，深深吸引我的注視。於是我要求友人靠路邊停下車子，三步併兩步的小跑步到田埂旁，手上的相機就不停的喀嚓、喀嚓拍著，好生歡喜。

　　我必須承認，關於菱角，對於它熟成後的外型還有口感，我並不陌生；然而對於它的成長過程和故事，我卻是很不清楚。當我在菱角田乍見菱角的小白花時，那種喜悅，那種發現新大陸般的驚喜，我才清楚的意識到，生活中本來就不應該存在著許多的理所當然。太快速的資訊時代，逼著我們去接受表面式的浮光掠影，卻也讓我們忘了真實瞭解的美好啊！而旅行之所以迷人，就在於發現後的瞭解，還有遇見後的觸動，不是嗎？

　　我手上的菱角，對我而言，它是食物，有著特有口感。那煮熟後的菱角肉，帶些許的綿密和緊實口感，再加上淡淡的堅果香，最容易讓人想起的食物近親滋味，就是蒸熟的「花生」！但是對於把自己全身包得緊密，長時間要在菱角水田裡彎著腰梳理雜草、種植、採收的大姐而言，這小小黑黑不起眼的菱角，卻是維持一家老少生計最重要的來源。

　　至於在專家的眼裡，菱角是一年生草本水生植物，而且是華人歷史裡相當悠久的祭祀、藥膳食物，早在周朝時便有文獻的記載。此外，在中醫的藥膳上則有補脾健胃的功效，而在現代營養學上，它是低熱量、低升醣指數 (低 GI)、高蛋白質的碳水化合物，而且擁有很高的膳食纖維。對了，菱角是植物的果實，它垂生於密葉下水中，將全株拿起來倒翻，便可以看得見的真實樣貌。而菱角也有種類差別，目前在臺灣最常見到的則是烏菱、彎角菱、四角菱和野菱等四種主要常見的種類。

　　由於菱角的外殼堅硬，肉眼很難判斷良莠的差別，所以專家建議，挑選時要先注意菱角的新鮮程度，查看果實的兩個尖角是否尖硬？外觀是否完整？再來，聞一聞它的氣味，是否有人工異味？或是莫名的發酵味？最後觀看菱角果實的外觀，如果是泛著紫紅色的外殼，其果肉較為脆嫩而適合做菜；想要口感佳而且單吃果肉香甜飽實，較成熟的紫黑色則是上選；當然，在地的種植大姐偷偷告訴我，屬於他們農家的簡單心法，就是將菱角泡水後，只要是肉質成熟且飽的菱角，就會緩緩沉下去啦！

　　老實說，在臺灣吃菱角，彷彿是理所當然的地方美味。特別是每每初秋開始，市場裡、大賣場的貨架上，還有夜市小吃攤裡，經常可以看見他們熱騰騰、或冷酷酷的身影，隨時可以滿足我們味蕾的貪念。只是大部分的人懂得它的美味，卻不見得知道它美味背後的辛勞。因為根據農家們的介紹，他們會在每年的初春二月開始設置育苗，直到初夏五月底，它都是生長在育苗地。待第一期水稻收成後，再重新將稻田經過整地、築地、築埂和引水入田後，最後才將菱角苗移植至水田地中。這算是一個與水稻共用成長環境，共同吸收養分，但是各自開花結果和互不相識的異家兄弟姊妹。

　　接著，初秋八月下旬起便準備開始採收，從九月底開始，則是最忙碌的季節。因為這是傳統的菱角產期，差不多每隔十到十五天便要採收一次，而且每採收一次，還要再追肥一次，在長達三到四個月的採收期，不斷的循環著。此外，每一回的採收，還要再裝袋運到集貨場洗清和進行分級工作。這些送到我們嘴邊一口體積不大的美味，背後成長的過程繁複，是時間、人力和智慧的付出啊！

當然，有了工作上的需求，就有相對的輔助巧思和職災的產生。每當菱角季節來到臺南的官田，就可以輕易的看見農家們穿著俗稱青蛙褲的連身雨衣褲泡在水裡，又或是划著小舟置身於碩大碧波中，緩緩的，小心翼翼地，將菱角葉逐一翻掀後採收潛沒於水中的菱角。而聽正在清除水中雜草大姐說，種植菱角雖然技術門檻不高，容易導入，但是它卻是相當繁瑣的農務工作，平日的這些工作，若不得要領，又曬、又熱、又濕、又悶，又要長時間彎腰，便很容易受傷。要是到了採收期，採菱角的要領沒抓到，腰痠背痛或受傷住院，也是菱角農的日常寫照。

　　至於菱角為什麼成為官田最重要的經濟作物呢？根據資料顯示，官田鄉原名「官佃」，是早期鄭成功時代所設營屯墾的官方田園。隨著日治時期和臺灣光復後的改治，正式將阿里山脈西烏山嶺下嘉南平原的中段，緊臨烏山頭水庫之地改為「官田鄉」。

　　早年的官田多為水稻種植地，所以埤塘遍布，連帶的也讓菱角和蓮子的種植非常興盛。只是早期的菱角價格並不好，農民大都選擇為了貼補家用而種植，並不是專職戶。直到民國80年之後，政府鼓勵稻田轉作，再加上農會加入共同運銷，有了通路平臺，便能將菱角的價格穩定，接著產量和品質逐漸後來居上，最終官田成為臺灣之最，也是菱角的代名詞！

　　目前官田的「葫蘆埤」，每每一到菱角採收季節，處處可見白鷺鷥展翅、或佇足、漫步的身影，要是在日落時刻，還經常可以欣賞到白鷺歸巢、剪影成畫的美景。也無怪乎，這裡成了許多攝影愛好者口傳的朝聖景點，隨手拍一張，處處可見宛若北海道道東丹頂鶴飛翔的借景美照。偶爾，虛實間的界線也不一定要分明，以假亂真也未嘗不是一種思念、一種樂趣，不是嗎？

Information
葫蘆埤自然公園
🏠 臺南市官田區中山路二段 207 號
🕐 全年無休
🎟 免費

百變菱角，從裡到外都是寶！

來到臺南官田，吃菱角是必要的，也不讓人陌生，倒是手上的這一杯「菱角鮮奶露」，是我第一次品嚐，而且很是讓人驚艷的好喝啊！

這間「菱炭森活館」離我們所住的民宿不遠，就在轉角處。每每經過的時候，很文青氣質的小店面，和周遭很在地的風情相處一起，有著衝突的美感，總是不自覺地吸引我的目光。於是在第三回經過時，我們開啟了店家的門，點了一杯他們最有人氣的招牌飲品菱角鮮奶露。

就看見年輕的服務人員拿出了滿滿已經煮熟的菱角，加入了牛奶，在黃金比例下快速的混打著。不久，就這一口紮實的菱角香，還有綿密的口感，輕易的征服了我的心。也許年輕的工作人員不能明白，但是在大都市生活的我們，每天在人工香精環繞的手搖飲中麻痺味蕾，能夠品嚐到如此自然真實的滋味，這是多麼幸福的一件事。

說到這菱角的世界，我也必須承認，要不是人在臺南官田，還真的很難有機會去近距離認識它。原來，多年來我們都一直小看了它，錯看了它，殊不知，它是多麼珍奇的超級食物啊！

透過一邊享受著菱角鮮奶露美妙滋味的同時，我打開了關於菱角的食物魔法書，才知道它之所以擁有「紅元寶」的美稱，除了它的外形狀似元寶外，以現代營養學的角度去分析，它的營養價值非常高，是低熱量、低升醣指數（低 GI）、高蛋白質的碳水化合物，而且還擁有豐富的維生素 B、C 及鈣、磷、鉀、鐵等。更重要的是，現代人如果想要替代平日生活裡的碳水化合物，菱角擁有很高的膳食纖維和優質澱粉，還可以促進腸胃蠕動、消水腫等，可說是最棒的保健食品之一。而用食物中的元寶來稱讚它，可說是一點都不為過。

我仔細觀察了這間小店，很是有趣。除了飲品外，店內還販售著許多跟「官田烏金」相關的文創商品。原來菱角是官田之寶，也是官田的驕傲，然而每年超過上千噸的廢棄菱角殼，更是一個環境負擔。

因此，官田區公所與崑山科技大學合作，輔導地方成立官田烏金社區合作社，結合產業、政府、學校及社會投入研究，從「菱殼燒製成炭」的再生利用出發，並且取得符合歐洲生物炭認證（EBC）＆國際生物炭倡議組織（IBI）規範的「菱殼炭」材料，成功做到廢物再利用，垃圾變烏金的美好。並且擴大影響社區，多年下來，不但讓官田居民感受到循環經濟的魔法及魅力，更在觀光和生活文創品插旗，讓官田透過菱角和官田烏金，迎向另一個耀眼的未來！

還好，我們決定進來瞧瞧，更決定坐下來發現一下，感受一下。要不是展示臺上琳瑯滿目的相關產品，我都不知道菱角變成菱殼炭後，可用於淨化水質、改善土壤，還可以變成手工皂、除臭包、涼感巾、袖套、口罩等生活周邊產品，相當讓人驚艷。

Information
菱炭森活館
🏠 臺南市官田區東西庄里西庄 95-1 號
🕙 10:00~17:00
🌐 https://www.gtbg.com.tw

八田與一紀念園區

翻轉不可能變可能，嘉南大圳之父

　　每一回搭高鐵南下，只要經過彰化開始，我便會習慣性的看著車窗外飛逝的景色。那一片的平原和稻浪景色，要是剛好有陽光穿透雲的光影，又或是夕陽在天空灑滿金黃的暖意時，心情總是會特別的舒服。單是看著窗外，我的鼻尖，彷彿就會聞到帶有記憶美好的微甜氣息。

　　對於車窗外的那片嘉南平原，也許有些人的印象是停留在課本裡「臺灣重要穀倉」的這幾個字上；也許有些人是因為齊柏林導演的「看見臺灣」紀錄片，才看見嘉南平原的美；更也許有人會驕傲的說：「我在嘉南平原長大的！」但是對我來說，那一年的高中小旅行，搭著長途巴士在嘉南平原奔馳前往住在烏山頭水庫附近的同學家時，車窗外那帶有微微香甜的空氣，還有無垠的蔬果田，那才是我對嘉南平原最思念的第一印象！

　　曾經，我一直習慣性的認為嘉南平原是上天賜給臺灣人的應許之地。北回歸線以南，一片大好沃野良田，單是一年三熟的稻作，就是無上的恩典。特別是在同學家聽長輩們說日治時期的甘蔗園遍野，後來嘉南平原的臺灣農業又是如何和國際接軌，這嘉南平原是根深蒂固的黃金土壤之地。

　　直到瞭解了「嘉南大圳」的故事後，才驚覺，原來我一直以為的上天應許之地，其實是人類智慧和執著不懈的創新之地啊！

原來，在嘉南大圳完成之前，嘉南平原曾經是在地人的煩惱之地，它就像其他北回歸線經過的地方一樣，16個國家和地區大部分都是沙漠、旱地或沼澤之地，而一百多年前的這裡，日照長乾燥、近海影響所以土地鹽分高，還有嚴重缺水。在先天不良下，還有不可抗拒的天災。每每颱風季節來臨時，嘉南平原就豪雨成災，洪水崩瀉；旱災發生時，阡陌稻田嚴重龜裂，秧苗枯死，當時的在地農民只能生活在「看天田」無奈下。直到1918年，從日本來臺灣總督府任職已八年的水利工程師「八田與一」到嘉南平原勘查，這裡，才開始開啟命運轉捩點的曙光。

　　也許是因為讀了不少嘉南平原、嘉南大圳和八田與一的相關資料，徹底顛覆了我過往對於嘉南平原的既定認知，當我來到臺南官田烏山頭水庫北側的「八田與一紀念園區」時，心中帶些崇敬和期盼。

　　畢竟，資料文字是平面的，紀念園區是立體的，有許多的觸動和感受，還是必須要親眼看到、觸摸到了、氣息聞到了，才能有更深層的理解和感動，不是嗎？

　　我很喜歡紀念園區的設計和環境氛圍。根據當時園內導覽大哥的介紹，西拉雅國家風景區管理處在2009年啟動修復和成立「八田與一紀念園區」計畫，並於2011年正式對外開放。當時為了能夠更忠實地保留原貌和時代味及文化感，以日本的工匠技術為翻修依據，負責修復工程的技師團隊還三度遠赴八田與一的故鄉—石川縣金澤市，和八田遺族、友人及相關民間組織進行歷史資料考證以及當地的建築特色和技法，並邀請多位日籍專家學者及技師跨國參與。此外，在呈現出八田與一的文化背景和臺灣土地的連結上，碩大的園區內還設置了大型枯山水的日式庭園、小橋流水、大樹、石燈、櫻花和臺灣造型的水池，相當用心。

　　而園區內主要重點之一，當然就是關於八田與一和嘉南大圳的相關展示。時間回到1908年，當時的臺灣總督府積極改善農業環境而訂定「官設埤圳規則」，為了米和糖的大量增產，嘉南平原必須要徹底解決水利灌溉條件不佳的問題。然而早期的嘉南水利工程內容都是舊圳的修復，並沒有新的水利設施興築。在多年的修復、研究、勘查和計劃後，直到1919年三月才正式由八田與一親自帶領八十多位年輕工程師投入這片廣大的嘉南平原水利改造工程。

　　八田與一認為嘉南平原缺水問題嚴重，要如何能豐富水源的供應，而且可以不受天然災害的威脅，才是建構嘉南水利工程最重要的當務之急。於是，他提出建築水壩蓄水才是長遠之計。而經過土質調查的結果，他和工程團隊認為烏山頭一帶的土質最適合以「半水力填築式工法（Semi-Hydraulie Fill Method）」來築造。

　　只是，在當時這種工法罕見，只有先進國家美國才有工程先例，任何東亞國家都未曾採用過。另外，為瞭解決嘉南平原土質內鹽份過高的問題，還有提高耕作地質，於是他和工程團隊再開發了六千公里排水路沖洗涵積土質內鹽份的建設。最後花了十年的整治和建設工程，灌溉水道總長度達1萬公里的嘉南大圳水利工程和大壩高56公尺的烏山頭水庫相繼完成和使用，不但徹底解除嘉南平原長年的洪水、乾旱和鹽害等三大障礙，變更土地改良，讓這裡成為臺灣未來穀倉和農耕的黃金之地。對了，當時的烏山頭水庫還是亞洲規模最大與世界第三大的水庫喔！八田與一的堅持和貢獻如此巨大，也無怪乎他日後會被尊稱為「嘉南大圳之父」的美名了！

至於園區內的最大亮點，則是「八田與一故居群」的 4 棟日式建築物。依文獻資料，除了八田與一故居外，當時的烏山頭職員宿舍約有 64 棟房舍。不過，目前留下來修復完成後開放參觀的只有 4 棟，其中八田宅裡生活器具展示完善，在庭院中還有八田夫人和小孩的紀念雕像，而相對應的日本節慶時，也會有文化展示，可以讓人瞭解歷史、走進歷史，憑弔和感謝歷史。

我之所以深深著迷於旅行，就是因為旅行到現場，可以把舊有的知識和資訊立體化，甚至補足和修正。而透過現場環境的氛圍魔法，讓自己的感動更真實。在離開八田宅前，我回眸靜靜地看了一眼牆上掛著的八田與一肖像畫，我想，「阿里嘎豆夠哉依馬思（ありがとうございます）」，雖然看似簡單的一句話，卻也是來自內心最深厚的感謝和敬意！

Information

八田與一紀念園區

🏠 臺南市官田區嘉南里 66 號

☎ (06) 698-2103

🕐 09:00~12:00、13:00~17:30
（週三休園）

🎫 屬於烏山頭水庫門票
全票 NT$100
半票 NT$60
優待票 NT$40

別懷疑，大內有高手，名字叫酪梨！

　　那天在新竹老家收到了一箱包裹，打開來一看，是油綠綠的「酪梨」！這讓我頓時眉開眼笑了起來。倒是阿姨看見整箱油綠色，眉頭開始皺了起來，轉身和媽媽嘮嘮叨叨的抱怨了起來。原來阿姨上回在市場上買了幾顆新鮮酪梨回家，來不及等它熟成，硬是切開來生食，根本無法食用；第二回聽信要等到酪梨變成深色帶黑才可以食用，於是在家中擺了好幾天，好不容易等到外皮變色了，一切開來，裡面都爛了，同樣無法食用，一氣之下，通通丟棄，直嚷嚷再也不吃這麻煩的超級食物了！讓我在一旁不小心就噗哧笑了出來。

　　說起來，我們家對於酪梨一直有份特別的情誼。因為我曾經在美國的洛杉磯居住了十年的歲月，在餐桌上和生活中總少不了酪梨的美味，那也是我跟酪梨結下了不解之緣的開始。回到臺灣後，三不五時也會在家做做酪梨沙拉、酪梨牛奶，又或是當家人想念墨西哥料理時，我就會端上「墨西哥酪梨醬（Guacamole）」，讓家人用味蕾和笑語來思念在洛杉磯的美好時光。只是，原以為我的酪梨連結，彷彿都只停留在國外，和臺灣的關係畫不上等號？直到我去了臺南的「大內」，我才恍然明白，大內有個高手，它的名字就叫做「酪梨（Avocado）」！

嚴選
滋味
Locals Matter

還記得那一天我們踏進果園時，迎面而來的樹上，在陽光下泛著綠光結實纍纍的酪梨，健康壯碩，彷彿在跟我宣示著：「沒有騙你吧！我們真的是在臺灣長大的酪梨啊！」讓我好生歡喜，硬是嚷著要讓自己跟酪梨合影，紀念一下這難得的見證時刻。

「大內的先天環境很適合酪梨生長，像是酪梨愛水又怕水，我們這裡的白堊土，排水性很好，就剛剛好。而且，大內四面環山，少風災。其實只要颱風和梅雨少，我們也就不用太特別照顧，酪梨就長得很好，和其他的產區比起來，我們算是很幸運的！」充滿朝氣的年輕酪梨職人葉翰倫如此介紹著。

確實，親眼看見果園裡的酪梨果實纍纍，這點讓我很相信臺灣真是個適合種植任何蔬果的寶島啊！後來在大內石子瀨活動中心裡，看見臺灣的酪梨發展史，才知早在日治時期就陸續從墨西哥和夏威夷等地引進臺灣，經過多次的失敗和改進，最後才栽種成功。

不過，早期臺灣人對於酪梨的認知非常有限，因此在臺灣有如隱形的蔬果存在著。再加上日本戰敗後，離開臺灣前還刻意將酪梨園毀壞，一度，臺灣面臨酪梨幾乎消失的危機。還好，透過許多有心人士的努力和執著，酪梨持續在臺灣穩定扎根，隨著種植面積日漸增加，再加上種植技術成熟，現在臺灣的酪梨已經有超過 30 個不同品種。而目前在臺灣主產地分佈於臺南、嘉義、屏東、臺東等地，其中臺南的大內更是全臺之冠。根據統計指示，目前（2021 年）全臺酪梨種植面積約 1149 公頃，臺南市約占全臺 35% 的種植面積，約 403 公頃，其中大內種植面積高達約 170 公頃，更是全臺酪梨種植單一面積最大地區。

此外，真心覺得臺灣既然已經種植酪梨很成熟了，一般人對於酪梨的認識也必須要跟上來，否則也太辜負了我們多年以來的捍衛和細心呵護的酪梨保護者啊！不是嗎？要知道這酪梨是得天獨厚的難得完全蔬果。根據營養學家的分析，它有維生素 A、C、E、B2、葉酸、礦物質、和植物性油脂等超過二十種營養素。

最特別的是，它還是少數同時富含維生素 C 和 E 的食物，抗氧化功能其佳。此外，與其他蔬果相比，酪梨的含糖量低，鉀含量是等量香蕉的 1.5 倍，鐵含量則是蘋果的 7 倍。而且，酪梨富含脂肪，特別是高量的單元不飽和脂肪酸，能夠延長飽足感，對於需要控制飲食和體重管理的人來說是一大利器。再加上酪梨油有絕佳的保濕滋潤效果，還極易被皮膚吸收喔！所以，酪梨能被金氏世界紀錄列為世界上營養最豐富的水果，還擁有「幸福果」的美稱。臺南大內既然會種、能產、品質又優，我們怎能錯過上天送給我們這麼美好的禮物呢？

當然，我相信最多朋友們的疑問，還是圍繞在「如何挑選酪梨？」這個帶些技術性的困擾上。就如同我家阿姨般，原本對於酪梨深有好感，但是因為挑選不得要領，造成了不良印象，反而對酪梨是個傷害！還好，我在大內石子瀨社區專案管理人王盈穗小姐的專業裡找到了答案。

首先，並不是所有的酪梨品種都會變色，因此在購買前要先向賣方確認所相中的酪梨是否會「變色」？再來，購買當季生產的品種是第一要素，而且外觀要無損，形狀要完整；此外，不要挑選果皮太過光亮的酪梨。因為他們的熟成度低，容易形成不會軟熟的「啞巴果」，所以外皮要較無光澤，有鏽點，才是準備可食用的熟成狀態；最後，如果要可以馬上食用的酪梨，在取得賣家同意後，把已經軟熟的酪梨握在手上，然後用指尖輕按果實，如果壓入後不會彈起，便表示手上這顆酪梨已經準備可以食用了！只要掌握以上這幾點簡單挑選心法，就可以在家輕鬆享受酪梨的美好滋味。

就在離去前，我馬上下訂了一箱酪梨。友人好奇的問我：「你打算如何使用這些大內酪梨呢？」我的嘴角一邊上揚，一邊微微笑說：「我要做最愛的墨西哥酪梨醬，帶家人用味蕾旅行的方式回洛杉磯去！」

Information

大內石子瀨社區發展協會
（活動中心）

🏠 臺南市大內區石城里 13 鄰 114 之 66 號
☎ (06) 576-1341
🕐 週一至週五 09:00~12:00、14:00~17:00

Don't Miss

Danny 上桌，墨西哥酪梨醬 Guacamole

　　這一道墨西哥酪梨醬，是我們在洛杉磯居住時到餐廳用餐最喜愛的開味小菜。而且它的變化多端，當玉米片沾醬、捲餅和漢堡內餡、烤法國麵包上的配料等，都非常美味。更重要的是，它的做法簡單，在家裡開 Party、聚餐和看球賽等，都是非常受歡迎和健康的居家小零食。

材料

酪梨 1 顆、番茄 2 顆（一顆約一個拳頭大小）、紅洋蔥 1/2 顆（可依照個人喜好酌量增減）、大蒜頭 4、5 瓣、香菜少許、辣椒少許、檸檬汁少許、鹽和黑胡椒適量。

料理作法

Step 1.

準備一個大碗公,將切塊後的酪梨(皮和果核去除)放入碗中,然後用湯匙將酪梨壓成泥狀。
(可依個人的喜好決定酪梨醬的泥狀程度)

Step 2.

番茄可選用果肉較厚實的牛番茄,然後將籽、芯和汁去掉,選用純果肉部分切成丁備用。

Step 3.

將紅洋蔥切丁,或是碎狀備用(紅洋蔥的辛辣度較緩和,如過不喜歡生洋蔥的辛辣度,可以先泡鹽水,再切成碎狀)

Step 4.

大蒜剁碎或成泥均可,備用。

Step 5.

香菜切細備用。

Step 6.

將準備好的酪梨、番茄丁、洋蔥丁、香菜、大蒜泥等放入大碗公內,然後加入少許鹽巴和黑胡椒調味,均勻攪拌。

Step 7.

最後依個人喜好,加入切細的辣椒(如果不喜歡辛辣者,可以不加。也可以去除辣椒籽部分,只選用辣椒肉切細)。

Step 8.

最後擠上檸檬汁,再拌勻後既可上桌食用。

催熟方式

如果買回家的酪梨尚未到達食用熟成狀態,需要加強催熟,建議可以買根香蕉或一顆蘋果,和酪梨一起放在常溫的箱內,加速催熟。

保存方式

1. 尚未熟成的酪梨切記不要放入冰箱內。
2. 一般熟成酪梨可以放常溫保存約 7 天。
3. 已經熟成帶軟的酪梨,如果無法馬上食用完畢,可以切丁後放入塑膠袋或是樂扣密封儲放在冰箱冷藏或冷凍。

葛鬱金華麗轉身，放大了生命力量

老實說，我還真不知道什麼是「葛鬱金啊？」

這就是我第一次聽到葛鬱金的反應，所以這回造訪臺南左鎮，就計畫著一定要來親自搞清楚、弄明白！只是當我們驅車來到「葛鬱金故事館」，竟然和我們平常所認知的故事館完全不一樣，而是在一座已廢校的岡林國小裡，著實讓我嚇了一跳！

不過，這也是我在旅行中所學到的一件事，不要讓第一印象框架了你！就如同魔術方塊一樣，一個方塊的六個面都有屬於自己的顏色，很多事情，不是只有一個面向；很多的看法，也不能夠只看一個視角。於是，我在接近正午的太陽下，一個人在操場上緩緩漫步著，想著，這岡林國小以前可能的樣子；想著，這故事館為什麼要選擇在這裡？想著，葛鬱金和這片土地可能的故事。而一個抬頭，天好藍，心情好舒服。

後來，我終於看見、摸著和嚐到葛鬱金了！原來葛鬱金在左鎮當地被俗稱為「粉薯」或「太白筍」，臺灣也有地方將它成為「竹芋」。它是一種地下塊莖植物，仔細觀察，它的外觀有點像薑，通常每年春天種植、夏天成長、秋冬季節可收成。算起來，葛鬱金並不是臺灣本地植物，就農業資料顯示，它原生產在屬於熱帶的中南美洲和西印度群島，是分別由原住民透過遷徙，和先民從大陸經過移民的方式帶入臺灣這片土地上。在日治時代，因為葛鬱金的澱粉含量高，約莫近20%，再加上它的澱粉質感比木薯還佳，因此，被大量用在食物加工品和料理上例如粿類、糕餅類等，而在銀髮長輩的口中，它就是以前的「太白粉」。至於原住民的飲食文化裡，則直接將它水煮或火烤後當生活中非常重要的副食品享用。

苣林鬱金

　　有趣的是，在老一輩的生活口傳智慧裡，特別是對務農的人來說，早年他們習慣將葛鬱金粉加黑糖水泡成黑糖葛鬱金飲品來飲用，不但可以止飢，而且還帶有清涼滋養的功效。而在中醫的傳統藥膳作用中，有清肺、利尿、緩解中暑、感冒發熱和咽喉腫痛等幫助。至於就現代營養醫學而言，葛鬱金因為不含麩質（Glutluten），本身含有豐富的鐵、鎂、鋅、鉀外，還有維生素 B，硫胺素、吡哆醇、核黃素、菸鹼酸以及泛酸等重要礦物質成分，對於幼兒的營養補充和幫助消化，更是非常好的選擇。

　　在故事館裡，可以看見這裡的葛鬱金是如何經由採收、剝皮洗淨、搗碎壓扁、搓洗、去除纖維雜質、過濾、沉澱之後，最後製作成純天然的葛鬱金粉（太白粉）的介紹，過程相當費工。不過，隨著時代的變遷，很多的食材也面臨「被取代」和「被重新開發」的轉型升級，因此，他們也著手開發葛鬱金麵、葛鬱金面膜及輕青霜等時尚生活用品。

　　當然還有我喜歡的「葛鬱金 DIY 體驗」，透過工作人員的教導，只需要葛鬱金粉、牛奶、糖等簡單材料，便輕鬆完成「葛鬱金雪花糕」的小點心。而且成品沾上花生粉後，賣相很好，看起來有客家糍粑的迷人身段，吃起來則更為輕盈些，老實說，非常適合小朋友和銀髮族，當然，對於時下注重養身輕食的族群來說，更是可以兼顧營養和口感的好點心。

　　對了，這一天造訪時，現場的狀況其實有些許混亂，第一印象並不是算好。也讓我對於葛鬱金故事館放在一個廢校的岡林國小裡，覺得不甚理解和妥當。直到年輕的管理人鍾凱勳先生滿身大汗出來跟我們道歉無法兼顧好導覽工作時，我才很訝異，原來這個「葛鬱金故事館」並不是一般制式的官樣故事館啊！

我們抵達的時間近中午，是有些尷尬的時間點。這些年左鎮人口嚴重老齡化，在大量人口外移的現狀裡，岡林國小不得不面對廢校的窘境。然而學校沒了，產業也無法在此支撐，所留下來的，只有年歲漸長，缺乏生產力又卻又需要關懷照顧的銀髮族群。因此，一群返鄉青年和臺南市左鎮區公舘社區發展協會便發起了葛鬱金再生運動。希望透過在地不受環境影響的白堊土黃金葛鬱金，可以整合老祖先的生活智慧和返鄉青年的活力，重新發展出「銀髮經濟」。目前社區與附近老農合作收購葛鬱金塊莖，每年可製成 1500 臺斤葛鬱金粉，再製成其他高經濟價值產品，不但可以自給自足，還可以就近照顧到社區老人們的生活，翻轉左鎮命運。終於在西拉雅國家風景區管理處、行政院農業委員會水保局臺南分局、臺南市文化局、左鎮區公所和左鎮公舘社區的共同協力，打造出眼前的葛鬱金故事館。

　　鍾凱勳先生表示，葛鬱金故事館是靜態的展示館，而「老人供餐」和「社區活動」則是動態的工作內容。特別是社區內有許多不方便外出的長輩們，提供他們每日供餐是一個非常重要的生活和情感連結。而隨著葛鬱金的相關產業陸續開發完成，移動式的教學推廣，也是他們在擴展葛鬱金的多元領域和可能性。其中，他們返鄉青年的優勢在於餐飲發展，所以他們的老人供餐要比別的社區所做的供餐，在質感和美味上都還更加受到好評和讚賞，現在他們還接受餐飲客製供應服務，口碑也正在上揚中。

　　我們一行人決定要嚐嚐他們的餐點水平，也不得不佩服他們的餐食確實美味。更重要的是，在鍾凱勳先生的汗水裡，還有忙碌移動的腳步中，我徹底翻轉了剛抵達時對於這裡的印象。也在他們的努力中，看見了最真摯的社區溫暖力量。就好比葛鬱金，在環境不佳的白堊土中堅持的成長，不起眼，但是帶給當地居民的，卻是在溫飽裡，在生活中，最樸實而簡單的溫暖。

　　一個魔術方塊有六個面，很慶幸旅行到了左鎮的岡林國小，讓我看見和學習到葛鬱金知識，體認到每一份的「存在」，都是有它的原因；而每一分的力量都是不能被錯過和忽視的力量，不是嗎？

Information

臺南市左鎮區公舘社區發展協會

🏠 臺南市左鎮區岡林里 31 號

☎ (06) 573-0107

🕐 08:00~17:00

清晨金色光，照在我的身上，
彎腰的芒果樹，叫我快快長大，
鯨魚看我踢足球，長毛象陪我吃便當。

溪谷裡的貝殼和小青蛙，
大夥兒一起唱呀、唱吧！
這是最美的人間天堂。

李正帆 ♫

移居，在左鎮遇見了真正的自己

第一次聽到這首歌時，覺得歌詞的意境真好，現在的小朋友們真幸福，能在最好的童年記憶中，歡唱著這樣讓人嘴角微揚的歌曲。

後來當友人告訴我這是知名臺南在地音樂人「李正帆」老師的作品時，我一時並沒有意會過來。因為我離開了臺灣12年的時間，所以李老師正當紅的那些流行歌曲，我其實並不熟悉。不過，這相對來說也是一件好事。正因為我的不熟悉，所以我並沒有任何所謂先入為主的觀念，反而是第一次聽到歌曲，第一回和李老師見面，聊天中感受到滿滿的感動，都是那麼的自然，那麼的真實。

「離鄉的孩子，是該回來了，而且早該回來了！」當李老師緩緩地說出這一句話時，我必須承認，當時的心中正在上演一齣翻騰的戲碼，但是必須故作鎮定，於是心緒跟著從糾結到放鬆，看似簡單的過程中，卻讓自己深深地吸了一口氣。

特別是老師當時的神情，並沒有太刻意的表情和語調，卻把遊子不需要任何理由和解釋的心聲，讓我感同身受的地點了點頭。因為，曾經離鄉多年的遊子如我，在許多世俗的牽絆下，回不回家？為何回家？何時回家？這上頭搖擺不定了許久，直到那一年在新竹的山上，一份簡單的觸動，不需要任何的理由和交代，心，就走上回家的路上。而李老師原本的老家在臺南大橋，也就是永保安康兩個車站的中間。當他提到他的三姊因緣際會來到左鎮並邀他來這裡作客時，就在眼前的山坡上，一個念頭閃過，在臺北的那些虛華和糾結，彷彿微小如塵埃，不需要理由，轉身，瀟灑返回臺北結束一切，風塵僕僕的再回來，回到正在呼喊他的土地，他心中尋覓多時的桃花源。而那句「早該回來了！」是心聲，是土地的力量，是家的召喚，也是放下的答案吧！

李老師選擇住在光榮國小不遠的山上，並沒有太多的豪華人工設備，很多生活和思維都慢慢的回到自然。特別是每天看著山上的自然景觀變化，或紀錄、或觀察、或在網路上分享，改變了他的生活，不但讓自己更貼近快樂，也讓更多的創意貼近他。當他談到了在左鎮的生活，眼神的溫暖，是自在而滿足。我們可以輕易的感受到，以前的他經常活在鎂光燈的焦點裡，但是心靈的空白，也一點一滴的靠近他。而現在他的朋友，可能只是生活質樸的左鎮居民，又或是山下國小的師生們，但其生活卻如此精彩和滿足，那臉上因為笑意而出現的紋路，已經讓我們泛起了羨慕之心啊！

「我以前寫了幾十年很商業的歌，紅了，賣了，讓我擁有了名聲和利益又如何？跟我的人生又有多少連結呢？」李老師緩緩的說，我們靜靜地聽著、思考著。

臺南、臺中、臺北、臺灣、大陸，在李老師的口中，都有著他人生不可取代的生活足跡。但是那些年和那些足跡，在老師的內在連結度並不是那麼的緊密。直到在左鎮生活開始，他才恍然大悟，想要把人生重新活過一遍，重新找回不曾有過的童年真性情，不曾有過的「發現」和「感動」。他特別提到，要是在以前，如果有人告訴他左鎮的雞絲菇是人間美味，他的想法可能就是到餐廳去直接叫一份雞絲菇料理，去享受別人說的美味就好了！但是當他在這裡生活後，知道了雞絲菇之所以不簡單，是因為要半夜戴頭燈去採，而且要是動作太慢，它就會被蟲吃掉！這些重新發現的美好，才是真實的簡單感動，也才是讓他可以自在大笑，開心創作的最美好力量。

當李老師邊聊著光榮國小校歌的創作過程，邊用華語和閩南語各唱一遍時，我轉身看著同行友人們臉上的表情，我想，關於真正的感動，其實根本不用刻意的去描述，不是嗎？

這些人 那些事 Storyteller

我是時尚養雞教主，我的發電雞就是酷！

　　當友人說要帶我去參觀一個臺南最酷的「發電機」時，我有些丈二金剛一摸不著頭腦，愣在那裡。直到我們的車子停在一個大型倉庫前，我抬頭看見一片片的太陽能發電板，心想，原來是要跟我介紹這太陽能發電機的新功能！結果，我還是錯了。友人口裡的發電機，是此「雞」非彼「機」！她手指著倉庫裡活蹦亂跳的雞群們告訴我說：「十凱哥，他們就是臺南最酷夯蹟之一的

而姍姍而來的 Fiona，是一位高挑且身著時髦的大女孩，她的出現，實在是很難跟眼前的大型雞舍連結在一起。不過，她卻是這座「烏山頭能源牧場」的主人。當她在跟我介紹她家的發電雞農舍時，我的思緒卻一直被打斷。因為，無論我左看還是右看，Fiona 和一群雞在一個大型雞舍裡，這畫面分明是美國真人秀節目「超級名模生死鬥 (America's Next Top Model)」的場景啊！而我的手機拿起來幫她拍張照，就差她手上抱著白雞的戲劇張力，活脫脫就是時尚雜誌 BAZAAR 的封面照。直到 Fiona 要我在雞舍裡深呼吸時，我才有些回神。對啊，Fiona 說得對，這雞舍這麼大，雞隻也非常的多，但是並沒有聞到一般熟悉難聞的雞屎味，這點著實讓我很是驚訝！

Fiona 的父親原本從事營造業，為了食安、健康因素，開始研究起是否可以飼養不打針、不餵藥的健康雞隻的可能性。於是在 Fiona 媽媽娘家烏山頭水庫附近的一塊閒置農地，展開他的實驗計畫。而機緣巧合下，接觸了菱殼炭和太陽能面板發電技術，在多年的不斷研發中，於是一座以綠能溫室為主的概念性雞舍，屋頂有太陽能面板發電可以「賣電」；地面鋪有添加菱殼炭的發酵墊，做到無臭味的優質養雞環境，可以「賣雞」；然後有好環境和自然堆肥的溫室，可以「賣無毒蔬果」，一塊地可擁有三種不同收入的前瞻性機能溫室雞舍，正式誕生。而且讓第二代自動願意返鄉加入營運，注入了更新潮的思維，徹底改變了傳統農社的架構和未來，也無怪乎同行的友人嘖嘖稱奇說：「養雞也能很時尚，這實在太酷、太新鮮了！」

我一直對雞舍裡沒有難聞的雞屎味這件事很好奇。因為小時候在新竹北埔的山上長大，外公家的雞舍長年都有十來隻雞入住，印象中的雞舍永遠是雞屎味臭氣沖天，而且，雞隻的排泄物還會有傳染病的疑慮，為什麼同樣是雞舍，Fiona 家的雞舍就不臭？也沒有傳染病和污染的疑慮呢？

原來，這些都要拜有「官田烏金」美名的菱殼炭所賜！根據實驗證實，菱殼炭有吸濕、除臭、淨化水質，並吸附空氣中揮發性有機化合物的功效。因此，將雞舍裡的發酵床裡添加菱殼炭粉，不但可以讓味道變淡，而且天然微生物菌和益生菌，還可分解雞屎臭味。此外，把菱殼炭磨成粉後加入飼料裡供雞隻食用，可以幫助雞隻整腸、消化之效果，運用內外合作的方式，顯著解決雞舍糞便異味的問題。

至於雞舍頂上的那一排排太陽能面板，Fiona 笑笑的說：「這些閃閃發亮的太陽能面板，每月讓我賣電費的收入，就有八萬至十萬元喔，很酷吧！」

眼前這位大女孩，說起雞舍的綠能溫室未來，很有想法。她也不諱言，爸爸的起心動念，再加上看見傳統農家面臨的時代窘境，更讓他們堅定信念要創立一個新的農業品牌，新的共構價值和保護機制。當農民面臨自然不可抗拒的挑戰時，農作物欠收，又是養雞不如預期營收時，不會被徹底的擊潰，因為還有第三個臺電賣電的收入可以支撐。此外，改變不一樣的飼養方式，讓農民和消費者看到不同的價值，也進而提升產品的新定位，新的農民未來生活模式。特別是整廠輸出方式，不但可以號召更多理念相同從事無毒農業的農民，而越多人加入和響應，就能生產出更多健康安全食物，相對的，成本也就愈低。特別是這一點，其實是為了青農返鄉，永續地方農業而設計的！而她自己的投身加入，就是一個最好的示範。

Information
烏山頭能源牧場
🏠 臺南市官田區 68 號
☎ 0928-517330
🕐 10:00~17:00（週日休園）

我喜歡他們模擬自然生態循環的空間，用太陽光照取代消毒水，達成動植物自然殺菌的模式；用酵素中的微生物，替代抗生素疫苗。

我不經意的一問：「這綠能雞舍目前飼養了多少雞隻呢？」只見她微微一笑說：「我的發電雞喔，有三千多隻！」我不得不舉起大拇指稱讚，很厲害。

烏山頭能源牧場

鄉村故事旅棧

為夢而築的民宿，隱身官田的美式南方莊園

　　在旅行的路上，我常常覺得「緣分」真的是一件很有趣的事！我第一次停留在臺南官田，結果當車子開進「鄉村故事旅棧」民宿的院子時，下車的第一眼，時空錯置的感覺好強烈，那大片的綠蔭和高聳的大樹林，還有在不遠處的木屋，覺得兩手一伸、四指一框，就是一幅明信片畫面；而且還是寄自美國南方的莊園，讓我張大了眼，好生驚艷。原來，臺南官田裡面竟然有著一個韓劇「鬼怪」裡的任意門，一開啟，就可以直接來到了美國南方，好美、好愜意的庭院空間。

　　而走進兩層樓式的木屋，裡面的空間設計和裝飾，也是非常的美式作風，就連沙發的顏色和原木傢俱，讓人坐定後，很肯定的就脫口說出：「這跟我美國朋友家幾乎一個樣，我到底在哪裡啊？」不久前我才跟友人抱怨好久沒出國了，好想念可以出國旅行的日子，沒想到這會兒，我正入住在一棟幾乎是在美國的時光空間裡，實在是太微妙的緣分和安排啊！

　　和鄉村故事旅棧的主人聊天，也是一個收穫滿滿的知識旅程。剛巧，我也經歷過一段臺灣民宿正萌芽和探索的時光，對於民宿經營在法規上和民宿文化上的許多拉扯，有些許瞭解，和主人阿昇聊起來特別的有感覺。說真的，自從臺灣引進民宿文化後，衝擊了旅宿業的生態，而隨著時代的變遷，臺灣的民宿早已經和小旅店、精品旅店、風格旅店等靠攏，很多人也搞不清楚民宿的定義和定位為何？依舊能維持當初民宿精神的，而且還是合法民宿的，幾乎是少之又少。像主人阿昇這般能夠本著初衷，多年來一直繼續提供最純粹的優質民宿服務，實在是讓人敬佩。

對於主人阿昇來說，鄉村故事旅棧這間民宿，真的是一個「圓夢的家」。也許自己也是在鄉下長大的關係，當他說官田長大的小孩，大人都在工作，小孩都在外面玩，家或是房子，彷彿只是吃飯、睡覺和寫功課的地方，沒有太多的情感，所以很多人長大後，想離開，不想待在家。這段話讓我非常有感覺！所以，長大後他想蓋一棟一輩子都會想住在裡面的房子，而且是他所喜歡的木屋。

就這樣，夢想的能量一直持續累積，然後「畫面」也越來越清楚，他的純美式風格的木屋，就這樣從構思、策劃、監工，室內佈置等，完全不假於他人之手，歷經兩年終於完工。而十字木框落地窗、挑高的松木天花板，沒有壓迫感，只有窗外滿滿的綠蔭，以及秋日裡庭園裡處處果實纍纍的柚子，清楚的反應出主人阿昇對自己未來的憧憬，還有對這片土地的思念。

Information
鄉村故事旅棧
🏠 臺南市官田區西庄里 4-22 號
☎ (06) 579-2838

這裡的 5 個房間都有各自的風情，也都不離
純美式風格的木屋特色。我喜歡位於二樓的房間，
有一個大型的陽臺和發呆床的設置，可以居高臨
下一覽庭院裡綠蔭扶疏外，傍晚時分，還可以看
見夕陽餘暉透過樹影起舞的畫面，好生雅致。

說真的，這裡實在太不像是入住在官田，也
和一般的民宿感受太不相同了。因為喜歡，所以
在二樓的房間陽臺拍了張照片，轉身就寄給同樣
對於臺灣民宿很有感情的妹妹。沒有想到妹妹馬
上回覆訊息說：「你在官田的鄉村故事旅棧喔！
柚子可以採了嗎？記得請阿昇哥寄一箱給我喔！」

原來，緣分真的可以是這麼的有趣。妹妹在
二十年前就認識了主人阿昇，當時還跟阿昇說：
「Danny 哥一定會喜歡這裡的，一定要帶他來這
裡跟您認識！」原來，很多的事、很多的緣分，
早已經有了安排，只是時候是否到了，不是嗎？

附近走走
Going Place

遇見彩虹的幸福農場

　　有趣的是，這一秒我拉著風箏在草地上奔跑，那藍天高掛，風箏飛高高，我覺得自己正徜徉在日本北海道的草皮上；下一秒，我的目光被臺上表演的精湛雜耍，高空飛盪，穿梭在繩圈中，狠狠地抓牢著，然後表演者的碧眼黃髮，讓我深深地相信自己在歐洲的半露天劇場裡。 然後我一開窗，陽臺外的「月世界」地質景觀，就在我的眼前，彷彿伸手就可以摸到般，那像「國家地理頻道」中才會出現的特殊景觀渡假飯店，滿足了我的無限想像空間。而漫步在遮天的綠色隧道裡，一個轉身，就看見兩隻可愛的松鼠在樹枝上奔跑、旋轉、跳躍，我噗哧一笑，霎時，覺得自己回到了高中的青春時光！是啊，我們的 青春記憶裡，草地時光裡，還有月世界的相遇裡，怎能少得了 「走馬瀨農場」這五個字的存在呢！就如同全臺灣人的青春歌聲裡，不能沒有「五月天樂團」般，不是嗎？

走馬瀨農場

位於臺南市玉井區及大內區交界，臨臺84線東西向快速道路玉井端走馬瀨交流道出口處的走馬瀨農場，根據官方資料顯示因為有曾文溪中游三面環繞，再加上阿里山支脈烏山嶺四邊環抱，以及擁有 40 公頃的紐西蘭風情牧草草原，生態資源豐富，野生動物多達 150 多種，其中還包含有 6 種保育鳥類、3 種保育兩棲類、1 種保育哺乳類和數種保育類昆蟲等 11 種「野生動物保育法」列名的動物。這裡，是一處占地高達 120 公頃，並融合了草原、山林、河川、自然生態景觀和人工開發的樂園。此外，1988 年起開始開發經營的走馬瀨農場，還是臺灣第一個認證的休閒農業主題遊樂園，說它是臺灣人記憶中的第一品牌生態教育場所，可說是一點都不為過啊！

不過，大家對於走馬瀨農場的「走馬瀨」三個字朗朗上口，但是對於它的名稱由來，瞭解的並不多！其實走馬瀨農場和一般的私人企業農場並不同，它屬於臺南市臺南地區農會，因此它的地緣相關自然資源特別的豐富。

此外，日治時代到民國 44 年這段期間，他們還將農場內的大部分綠地租借給臺糖公司作為玉井糖廠使用。後來引進並全面種植牧草，特別是紐西蘭引進的「盤固拉草」，每每當他們將盤固拉草曬乾時，再捲起成一個大牧草捲放在草地上，那一個個牧草搭上偶爾經過的馬兒身影，又或是在藍天下靜靜地躺著，那畫面是標準的紐西蘭景緻，也無怪乎許多人都把這裡當做臺灣最有異國風情的農場了。

除了碩大的農場和馬牧草捲外，走馬瀨農場的所在地，四百多年前是昔日西拉雅族「大武壠社」的故居地。這裡因為是大埔溪（曾文水庫、烏山頭水庫）及後堀溪（南化水庫水源）交會處，早年的時候溪水豐沛，經常急流激起，宛若萬馬奔走狀。後來荷蘭人據臺時期，曾經引進馬匹供當地散居平埔族耕役用，放眼望去，三面環山，一面是臨河之溪谷，又處處可見馬匹身影，當時便以西拉雅語的「走馬瀨」來稱呼它。因此當農場要成立時，便選擇以走馬瀨地名為農場名稱。

過去這些年因為走馬瀨農場裡面的設施豐富，有一般遊憩、果園遊憩、牧場遊憩 3 大系統，以及餐廳、農舍、親子歡樂廣場、體能訓練場、高爾夫迷你推桿場及露營烤肉區等，再加上還有正規的旅宿設施，因此，一直深受學校團體、企業活動、國民旅遊和家族旅行的歡迎。再加上近年和農委會輔導的「田媽媽農特產加工直賣店」合作，將牧草變成符合現代人「三低一高」需求的養生新美食食材，開發了以農場牧草為原料的「牧草麵」，也在餐廳內推出了牧草肉燥麵、牛肉麵、排骨麵，以及結合牧草高湯與臺南虱目魚丸的牧草魚丸湯等品項，讓農場的附加價值更加提升。

至於近來受到年輕遊客們關注的就是草地上的那一匹數層樓高的「彩虹馬」了！其實這匹彩虹馬是 2018 年為了慶祝走馬瀨農場三十週年而設立的草地裝置藝術。

當時他們邀請設計師以塑鋁板為主要建材，建構出高十六米、長二十米和寬八米的彩虹馬；除了純藝術景觀外，還有實質的功能性，要能變身成觀景臺，讓遊客可以登高望遠，輕鬆一覽園區美景和環繞壯觀的月世界地形。由於工程浩大，耗資五百萬外，前後更花了 6 個月的時間才完成。

然而為什麼選擇「彩虹馬」呢？就視覺效果來看，大草原美麗廣闊，而彩虹馬本身的彩色斑斕，無論從地平面上，又或從空中鳥瞰，色彩對比和互補性都相當好。更重要的是讓草原更展現出奔騰動力，或拍照、或欣賞，也都相當療癒。就故事性而言，彩虹在古代傳說中是神對人類的記號，也是來自上天的承諾；在現代的浪漫觀點裡，它則成了愛情的誓約。因此，當彩虹遇見了馬兒，就是奔向幸福的象徵。至於馬兒的雙眼黑色，是意會著這隻彩虹馬已被馴化，而且還是隻具有靈性的馬兒喔！

Information
走馬瀨農場

🏠 臺南市大內區二溪里唭子瓦 60 號

☎ (06) 576-0121

🕐 農場 24 小時全天候開放；
　遊憩設施 09:00~17:00

南瀛天文館

來自星星的無限驚喜

　　我們沿著斜坡漫步向上走去，我一個抬頭，就看見穿過樹林的那方，標識性很強烈的圓頂天文臺映入眼簾，於是很興奮的轉身就跟友人說：「你看，是不是很有洛杉磯葛瑞菲斯天文臺（Griffith Observatory）的感覺？好像變形金剛隨時都會從後面的山丘上爬出來啊！」，此時，就看見友人幽幽地說，應該是電影「樂來樂愛你」吧！

　　其實都對，每個人喜歡的和有記憶點的，本來就不一樣。就好像是在同一個天文館裡，有人喜歡的是浩瀚知識的探索；有人則喜歡透過實際的望眼鏡，親眼見證外太空行星的存在，不是嗎？

　　我必須承認，在我世界走了大半圈的旅遊記憶中，關於「天文館」的篇章，最難忘的前三名，一個是在美國洛杉磯葛瑞菲斯天文臺，那是我第一回站在巨大的天文望遠鏡前，看見「土星（Saturn）」的真實樣貌。那美麗的土星環，震撼著我的雙眼，也開啟了我對世界好奇，用行動力去親眼探索的契機；而第二回的美好，則是在位於泰國南部隱密的 Koh Kood 小島上，超越六星級的頂級渡假村「Soneva Kiri」裡面，擁有一個私人的天文館，而它的超高倍數天文望遠鏡，乃是亞洲第一。當時來自 NASA 的天文學家，一對一，帶領我個人從阿姆斯壯的月球足跡出發，走了趟突破知識和視野極限的天文之旅；至於第三回的驚喜，則是在我們臺南大內的「南瀛天文館」。第一回睜眼正視觀看太陽，看見傳說中的「太陽黑子」，內心再度泛起一抹澎湃。

坐落在大內曲溪村的南瀛天文館，與其說它是南臺灣最佳的天文觀測站，倒不如稱它是一座會呼吸的天文知識中心，還有天文迷可以親身體驗臺灣最頂尖觀測設備的地方！至少，當我走一趟南瀛天文館後，我已經迫不及待要計畫下一趟的造訪了！

根據館方的資料，臺南的大內區長久以來被公認為南臺灣最適合觀賞星星的地方，主要是因為低光害的先天優良環境，再加上視野佳、氣候溫和，還有觀星最重要的晴夜率高，因此博有「星星的故鄉」之美名。而天文館所選擇的基地位於二溪公山，佔地十二公頃，屬高低起伏之丘陵地形，還可遠眺月世界及中央山脈，還有曾文溪曲流和河階地形，對於打造一座複合式的天文中心，也算是老天爺賞飯吃，注定就是要在這裡落腳生根。於是在民國93年至95年，首先由前臺南縣政府建置天文觀測館，97年起陸續建置天文展示館、星象館及周邊景觀平臺、環山步道等戶外設施，至101年完成園區內主要館設。到了民國106年，以環境教育發展之宗旨，成為全臺第一個以天文為主題之環境教育設施場所。目前館區順應山坡地形設置3大主題館，包含天文觀測館、天文展示館及星象館。

而最自豪的，除了天然環境優越和館內多元豐富外，擁有全臺平地口徑第一大的天文望遠鏡（主鏡面直徑76公分），從就近的月球表面到遙遠的土星環，還有神秘的星雲、星團都能一覽無遺。

園區最早開放的是「天文觀測館」。建築的外觀的構思以「星曜」的意象為主，帶些尖稜造型。這裡的觀星平臺是全區最高處，可以飽覽整個曾文溪谷和月世界美景。而館內還有精心設計30度傾斜的斜木牆，提供肉眼觀星的最佳視角外，設置不同口徑之天文望遠鏡提供天文觀測功能，每逢週六及遇上特殊天象時，還會開放BRC250及MEADE14等2座望遠鏡，提供夜間觀星以及星空導覽解說服務。此外，館內設置了望遠鏡發展史、太空望遠鏡展示區及復古觀測室，以軟性的方式陳列或互動，介紹自伽利略以來，人類在望遠鏡發展上每一階段技術的突破。

以「月亮」為象徵意象為空間設計概念的「天文展示館」，共有三樓及及地下一樓的展示區域。主要是採用高科技虛擬實境的展示，提供民眾體驗導向的展項主軸。

位於一樓的「發現地球的生命」，以地球四季變化及星空星座等主題；步上二樓，則是離開地球來到了「太陽系」，帶領民眾認識八大行星及提供科氏力體驗。至於要繼續飛向遙遠的外太空瞭解天文史發展和尋找外星人的蹤跡，那就要再上一層樓的三樓「探索太空」展示館中，去和神秘有個約會。至於地下一樓的「小積木大星球」，當然就是為了小小朋友們所打造的親子積木遊憩區啦！

有了星耀和月亮，當然少不了「太陽」啦！因此，「星象館」的建築體順勢延展成半圓形球體來和太陽相呼應。而這裡的亮點，則是位三樓臺灣第一個採用數位球幕 3D 的星象劇場。這裡運用全世界最新技術「全天域 3D 成像」數位星象儀，超越地點、天候、月相、時間的限制，提供遊客一個真實而撼動人心的模擬星空。此外，一樓還有特展區，會不定時舉辦天文相關性、科學性和趣味性的主體展覽。

南瀛天文館除了天文學習相當精彩外，另一個讓我驚艷的，則是這裡的「建築和空間」設計了！原來這裡是知名建築師廖偉立先生的作品。他的建築設計核心價值一直強調「地域性」與「在地化」的特性，讓他成為獲獎無數的設計師外，還是少數連續多次榮獲日本 SD Review 年度獎肯定的臺灣建築師。而南瀛天文館的設計，融入山林間的自然建築美感，還讓他榮獲 2007 年國家卓越建設金質獎，2008 年、2011 和 2012 的建築園冶獎。

Information

臺南南瀛天文館

🏠 臺南市大內區 34-2 號

☎ (06) 576-1076

🕐 09:00~17:00（週一、除夕固定休館）

✎ 採部分收費，請參考
https://taea.tn.edu.tw/。
戶外、天文觀測館免費參觀。

老實說，經常聽見很多建築師在介紹他們的設計時，很喜歡說和「環境對話」的意象。然而嘴巴說的，卻往往在現實上無法讓人感受到。這回漫步在南瀛天文館，其實也不用刻意，就在建築物、小徑和綠山、曾文溪等的自然互動間，我就很能夠清楚的感受到什麼是良善的環境對話。至於適切的清水模工法，與山勢岩石的協調性，還有大面積的玻璃窗和高挑的空間，光影的穿透和流動性，以及最後在木材及暖色調石材的協調上，視覺感和呼吸感都豐富又有層次感，單是來欣賞這裡的空間和環境美學，我都覺得很值得啊！

柔軟玉井

YuJing

欲罷不能的金黃誘惑

在色彩學裡，黃色的訊息是希望、熱情和明亮的。

而金黃色，在黃色之上，是淨化靈魂的魔法，也是激發創造性的神秘咒語。

當色彩的魔法遇上了柔軟時光，「價值」的改變，從來都不在人們的既定想像中，而是在無限的延伸裡，瞥見了持續創造的無窮盡希望。

我的五感知覺，在玉井，悄悄地被染上了一抹金黃。

柔軟玉井，欲罷不能的金黃誘惑 |133

是吧！
有滋有味，
才是流滿在人世間
最真摯的詩與歌啊！

玉井印象
True Colors

｜ 柔軟玉井，欲罷不能的金黃誘惑

到了玉井才知道 芒果跟我們想的不一樣！

　　也許是因為「芒果」經常用不同的方式在我們的身邊出現，時而鮮黃香甜，時而青脆帶微酸，時而是果乾零食，時而又是夏日冰品上最閃亮的配料，模樣百變。所以，芒果是臺灣土生的水果，也就成了理所當然的想法。然而長大後出國旅遊和念書，在東南亞和美國等地處處可以看見各式各樣芒果的身影，才開始對於芒果是不是臺灣土生特有品這件事有了疑惑？但是也因為有了口感上的比較後，深深地認為臺灣芒果質地確實優於其他國家的芒果，因此，是不是我們土生土長的？哪裡才是原生國家？也就不用太在意！

　　直到來到有臺灣芒果之鄉美名的「玉井」後，才赫然發現臺灣的芒果學問還真大，而且有很多的知識根本跟我們以為的制式想法很不一樣啊！首先，單是產量這件事就很驚人，根據玉井農會的資料顯示，臺灣一年的芒果平均產量約 17 至 18 萬噸左右，如果不算外銷，臺灣每人一年差不多吃掉 25 顆芒果，相當驚人！此外，目前芒果最大產區在臺南，排名第二和第三的則是屏東和高雄。至於臺灣目前的芒果品種有數十種，大部分是經由外國輸入後再嫁接改良的品種；因為臺灣人最愛「愛文芒果」，所以目前臺灣也是全世界生產愛文芒果最多的國家。

關於「嫁接改良」這件事，其實也算是臺灣芒果歷史上最重要的里程碑。因為根據史料記載，臺灣原本並沒有芒果，是在 17 世紀時由荷蘭人引進後，才開始有「土芒果」的出現。所以正確的說法，芒果其實是外來種水果。到了日治時期，則算是第一個大規模芒果引進時期，當時引進了 30 多個南洋品種，不過，成果很有限。而真正的臺灣芒果濫觴則是在 1950 年代，當時的「中國農業復興聯合委員會」（簡稱農復會，農委會前身），從美國佛羅里達州引進 40 多種新芒果品種試種，最後在臺馴化 7 年後，把當時俗稱「洋芒果」的愛文（Irwin）、海頓（Haden）、吉祿（Zill）、肯特（Kent）、凱特（Keitt）等品種，正式落地生根，也開啟臺灣的芒果新紀元。至於愛文芒果馴化種植最成功的地方就在臺南的玉井。其中，世居玉井的鄭罕池先生是最早將果園轉種愛文芒果的先驅，在 1962 年種下第一批的 100 株愛文芒果樹，歷經失敗，再種植，再改良，直到第三年才成功有收成。還好，上市大

受歡迎，並且讓更多農民相繼追隨，最後奠定了玉井成為愛文芒果之鄉的基礎，後來鄭罕池先生被尊為「愛文芒果之父」的雅號。

種植果樹的先天條件是土壤和氣候，其中種植芒果最重要的是微微高溫，最好在溫度 15 到 35 度間，而且不要常下雨，土地需有些乾燥，還要排水佳。臺南的日照夠，再加上白堊土的特殊地形，剛剛好具備優良的種植芒果先天條件。不過，要讓芒果的品質好、產量大，臺灣農改最厲害的「嫁接」技術就登場了！由於芒果樹從種到開花結果，一般的基礎週期是 4 年，而且還不一定會種植成功。因此，只要將新品種或是外來種的芒果，嫁接在來臺灣最久、也適應臺灣土地和氣候最佳的「土芒果」品種，幾乎都可以成功存活。因此，現階段在市場所熟悉的芒果品種，算起來都是土芒果的子孫！

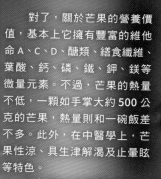

　　對了，關於芒果的營養價值，基本上它擁有豐富的維他命 A、C、D、醣類、繕食纖維、葉酸、鈣、磷、鐵、鉀、鎂等微量元素。不過，芒果的熱量不低，一顆如手掌大約 500 公克的芒果，熱量則和一碗飯差不多。此外，在中醫學上，芒果性涼、具生津解渴及止暈眩等特色。

　　至於要如何選擇芒果呢？最簡單的方式是先「聞果香」，芒果的根部香氣越明顯，表示芒果越成熟；而整體觸感要扎實，果皮有點「雞皮疙瘩」，則成熟時間較久，甜度較高；果皮如果已經有油光，表示已經過熟；最後，芒果蒂頭要圓潤，果皮「沒有黑斑」。不過，不同品種的芒果，選擇的細節也會有些微的差異。此外，芒果的保存方式很簡單，放在常溫陰涼處即可。盡量不要放在冰箱，以免造成冷害，降低了芒果的風味和品質。

不敗的金色冰奇蹟，連外國人都臣服！

我還記得有一回陪同泰國、馬來西亞、日本和香港的國際美食記者們考察臺灣美食之旅時，印象最深刻的，就是所有國家的媒體記者們有志一同的點名要深入瞭解臺灣芒果冰文化。當我們完成一輪環島的芒果冰之旅後，泰國記者認為，泰國雖然也是世界知名的芒果產地，但是泰國的芒果質地紮實帶微酸，在料理上的使用較為突出；而臺灣的芒果品種多，果肉細緻，味道香醇，當水果吃的滋味非常的棒，但是運用在芒果冰上面，幾乎是「To die for」的無敵美味！至於香港媒體，則是對於當年香港同樣以芒果冰品造成潮流的知名品牌「許留山」，不敵臺灣本土的芒果冰，黯然退出臺灣冰品市場一事，直言：「這是應當的！」相對於日本記者，則佩服的認為，日本遊客開啟「為了吃芒果冰而到臺灣旅遊」的不可思議風潮，這不是沒有道理的「無理」行為，而是完全值得的！因為這愛文芒果做成的芒果冰，實在是「完璧！（無懈可擊）」她可以為了芒果冰的滋味，做個臺灣週末小旅行，一來再來！

說到臺灣芒果冰在國際上颳起「金色奇蹟」冰風暴，2001 年是一個重要起始點。雖然在這之前，臺灣人已經吃芒果冰行之有年了，然而這一年的媒體大幅報導芒果冰風潮，不但讓臺灣芒果冰的美好滋味征服了許多外國遊客的味蕾，更重要的是，讓臺灣芒果的高品質和高產量，特別是臺南的芒果，在國際舞臺上發出一道亮眼的水果奇蹟光芒！

「如果沒有最好的芒果，就沒有最好的芒果冰！而要將芒果種得很好吃，不能把它當成水果，得將它視為生命看待。」這是當年在臺北永康街開設冰品店，幾乎每天吸引超過 3000 名觀光客拿著地圖來朝聖臺灣芒果冰，甚至被美國「紐約時報」評為跟故宮、臺北 101 齊名的臺北 36 小時必遊景點之一的「冰館」創始人羅駿樺先生口中必然的道理。

芒果冰

　　確實如此。臺灣芒果冰歷經 20 年的金色奇蹟，至今歷久不衰最厲害的地方，就是不同品種的芒果口感，搭上不同調製的冰品如剉冰、雪花冰、綿綿冰、冰淇淋、義式冰淇淋、霜淇淋、冰沙、冰棒等，再加上各地文化不同的搭配吃法，或加煉乳、或搭黑糖水等，它所衍生出來的吃法變化多端。而且無論是當季新鮮芒果，還是冰凍再利用的芒果，運用巧思在小細節上的微調處理，一盤盤、一碗碗，甚至一盆盆的芒果冰，一年四季都可以隨時隨地滿足所有人挑剔的味蕾！而芒果冰好吃的基礎，原點還是建立在有好品質的芒果身上。這時候，臺南的芒果，特別是臺灣人最愛的愛文芒果產地「玉井」，果農們幾乎用生命共同體對待芒果，就非常重要和值得驕傲了！

　　此外，臺南的玉井和南化等地一年四季都可以品嚐芒果冰的滋味，而擁有主場優勢的臺南市政府和西拉雅國家風景區管理處，也會在夏日時分舉辦和芒果、芒果冰相關的大型節慶祭典活動，讓芒果不敗的金色冰奇蹟，繼續在臺南發光、發熱。

Information

玉井芒果冰店推薦一覽表

玉井區農會熱情小子芒果冰館
🏠 臺南市玉井區中正路 139 號

有間冰舖芒果冰
🏠 臺南市玉井區中正路 154 號

玉井老街冰舖
🏠 臺南市玉井區中正路 111 號

玉井讚冰店
🏠 臺南市玉井區中正路 95 號

阿月芒果冰
🏠 臺南市玉井區中正路 135 號

愛文鄉冰島（玉井店）
🏠 臺南市玉井區豐里里 60-19 號

玉井芒果冰 - 遇見果香二館
🏠 臺南市玉井區樹糖街 11 號

時光故事

Melodies of Time and Beauty

虎頭山之役
The Battle at Hûtóu shān (Mountain)
虎頭山の戦い

8月6日，民兵決定以這天作為決戰日，初始民兵士氣高昂，但隨
著日本正規軍陸續趕到，戰局即刻逆轉，同日傍晚民兵棄守虎
頭山並竄入山區。根據《鳳縣治革志》記載日方損失41人，民
兵則被擊斃309人。日軍查出許多屍體都配戴著西來庵的黃色
神符。

用漫畫說嚴肅歷史故事，這招高明！

　　第一眼看見「噍吧哖事件紀念園區」時，與一般傳統的紀念館很不同，呈現時代衝突的美感。一邊是傳統的故事在訴說，一邊則是奔放的青春在演繹，彷彿是「看見歷史，瞧見未來」的場景，讓人好生期待。

　　而走進館內的第一個反應則是「哇！是漫畫。」，我喜出望外的看著同行的友人。真的沒想到這個以歷史事件為主的紀念館，會採用這樣的方式來呈現，不但讓歷史故事變得更輕鬆有趣，也讓年輕世代的接受度更廣，讓人非常驚喜！然後只見導覽老師一會兒說著噍吧哖事件的歷史故事，一會兒穿梭在漫畫場景裡，而轉身，還有供拍照打卡用的方框。這一趟的導覽行程下來，覺得自己好像也化身成漫畫人物般，在四格漫畫的方框裡去變換，共同穿越時空、演繹歷史，實在好玩，太有趣了！

甲仙埔之役
The Battle at Jiáxiānbù
甲仙埔の戦い

7月9日清晨，在江定指揮下，民兵以�聲為號誌，開始襲擊因人力分出搜查西防窗寥鬆的甲仙埔主題（今高雄市甲仙區），以及阿里關、大邱園、十張犁、阿表湖、蚊仔只等襲擊據點在所，日本該區櫪本正耀共34人遭民兵殺害。

南庄派出所之役

噍吧哖事件

　　紀念園區的精神主軸「噍吧哖事件」，這個歷史事件發生在 1915 年，故事超過 100 年以上的時間軸。之所以對玉井人來說很重要，是因為噍吧哖 (Tapani) 是來自當地西拉雅族的語言，也就是蕃薯寮之意。根據文獻，荷蘭時期開始，玉井的地名為最早為「大武壟」，屬於原住民的四社熟番，也就是噍吧哖社、芒仔芒社、宵里社及茄拔社等原住民居住地。後來因為大目降，也就是現在的「新化」原始居民「西拉雅族」移居玉井，這裡便成了西拉雅族的大本營，正式以噍吧哖為主要地名。後來在日治時期，日本人取原始的噍吧哖讀音，找到和日語讀音相近的玉井 (Tamai) 取而代之，從此，原本的噍吧哖就變成了「玉井！」

　　至於噍吧哖事件的背景，最主要是日治時期統治臺灣 20 年來不公義的稅制、法制以及獨裁的警察體制下，造成人民的積怨日深所致。當時引起地方人士余清芳（當時身份是臺灣警員）、江定（臺南南化人）、羅俊（雲林縣斗南鎮人）、蘇有志（臺南新化人）等人不願再過著被欺壓的日子，於是在「西來庵」借齋教及王爺信仰，密謀組織「大明慈悲國」，以宗教力量號召民眾響應抗日行動。可惜的是，他們雖然得民心而聲勢浩大，原定當年的 8 月起義，無奈保密工作不足，提前被臺灣總督府得知消息而大舉調查並逮捕相關人士。雖然他們再次密謀於 7 月 6 日起義，襲擊了臺南與高雄山區的多處派出所，但是日本政府借派軍隊鎮壓回擊，而他們只有土法製成的武器，也就是長竹篙前端接綁上菜刀，不敵日軍槍砲，死傷慘重。隨後幾位起義領袖余清芳、江定等陸續被逮或是誘騙投降，最後均遭死刑定讞，悲劇收場。

這歷時一年多的噍吧哖事件，玉井、楠西、南化、左鎮等地，受難者超過 2800 多人，算是臺灣日治時期規模最大、犧牲最為慘重，也最具影響力的武裝抗日事件。雖然造成了巨大的社會和歷史的傷痛，也讓臺灣人和日本政府雙邊開始重新思考新的抗爭和治理方式。臺灣人棄武鬥改文鬥，日本政府則改以懷柔的「內地延長主義」治理臺灣。對了，當年余清芳等人以西來庵為主要的組織聚集地，因此噍吧哖事件又有「西來庵事件」和「余清芳事件」的記載說法。

　　走進另一個展示館，是由糖廠的宿舍改建後的展覽室，展示著糖廠當年的故事。而這裡的空間設計和剛剛的漫畫風格則是完全不一樣，在黑白照片和拆解後再整合的空間藝術融合下，時光的氛圍非常的明顯，而且帶有「探索發現」的小樂趣，完全不同於其他的歷史紀念館說故事的方式，讓我很陶醉其中。

　　還沒參觀完，我就等不及跟友人分享，這個「噍吧哖事件紀念園區」，區分為常設展館、玉井史料館、多功能室、旅遊資訊暨特產中心和日式庭園，園區不大，小巧精緻，沒有過多無謂的刻板教育元素，反而更讓人想要去認識，去挖掘更多故事。單是「把被動化為主動」這個概念和執行，做得精巧且不著痕跡，就是不簡單的一件事啊！畢竟臺灣大多數的紀念館，數十年不變的制式展示方式和設計規劃，加上教條式的陳列和冷冰冰地歷史故事，不但無趣，也有著濃厚的距離感，引起不了大多數民眾的關注，成為為人詬病的「蚊子館」，這也是在所難免的事！著實可惜。因此，當發現眼前的歷史紀念館可以這麼有趣，實在是讓人開心。

Information

噍吧哖事件紀念園區

🏠　臺南市玉井區樹糖街 22 號

☎　(06) 574-1025

🕐　09:00~17:00（週二休館）

三百年何止香火鼎盛了得!

　　臺南除了古蹟多、美食多、芒果多之外、還有什麼是臺灣第一多呢?要不是這回到臺南做深度的旅遊,我還真的不知道臺南的「廟宇之多」是全臺之冠啊!還記得當臺南的朋友跟我說一句地方諺語:「臺南九十九間廟」時,我並不能體會臺南的廟宇究竟有多多?直到我特地前往內政部民政司的全國宗教資訊系統資料庫查詢,發現臺灣宗教寺廟、教會、教堂統計結果,全臺寺廟教堂數目合計超過 1 萬5200 座(教會或教堂方面,則約有 3336 座),數量相當驚人外,還遠超過臺灣超商和娃娃機店。此外,目前在內政部登記的宗教種類共有 27 種,包括佛教、道教、基督教、天主教、回教等 5 大宗教,可以看見臺灣多元宗教文化的包容性,以及相互尊重、交流融合的珍貴價值等。至於廟宇數的前三名的縣市,分別為臺南、高雄和屏東縣,當下,我終於明瞭諺語中的「九十九」,其實就是臺南廟宇多到不計其數的意思了!

　　臺南的廟宇多,大部分也都和媽祖信仰有關係。不過在玉井,這裡有座廟齡超過 300 年,是臺灣非常少數的資深重要廟宇,也是臺灣第一座建在老街上的廟宇,更是見證玉井老街歷史更迭,繁華興衰的廟宇。不過,它並不是大家所熟悉的媽祖,而是以供奉北極玄天上帝為主祀的「北極殿」!至於我入廟後的第一個印象,並不在於建築空間和雕刻,又或是 300 年的香火風華,而是映入眼簾的前殿中庭有座「龜池」,一早就有百來隻烏龜群聚在香爐附近的畫面,黑鴉鴉一片,畫面很是驚人。

　　原來這廟內主祀的北極「玄天上帝」,在明朝時被奉為護國神明,開基地則為湖北武當山,現在也是臺灣傳統的主流宗教信仰之一,有著龜、蛇二護法的傳說。而目前在玉井北極殿內龜池中的烏龜,從建廟奉祀後,便陸續為信徒所獻並放生於此。據聞這龜池內自日治時期開始,便偶有蛇出現蹤跡,坊間的信徒們都深信是龜蛇合會、玄武耀光的現象。至於傳統放養的行為,在社會上引起不少爭議,因此廟方表示,目前龜池內的龜均有所過濾和造冊,為了避免破壞生態平衡,除了外來種一律謝絕外,連平日飼養也均蔬菜為主,相當細心。

北極殿

玉井北極殿追溯其建廟的淵源，最主要是明朝永曆年間因為玉井處處莽草叢林，瘴癘瀰漫，當時不少開墾的先民們常為疾病所苦，為求祛邪去病，特別從原鄉恭請玄天上帝神尊到臺南來鎮駐，保佑先民。雖然當時一切的環境都簡陋，也只能搭建茅草簡屋來供奉。然而心誠則靈，在玄天上帝的神威施化下，玉井漸漸地寧人康，先民墾拓日漸有成，招來更多的鄉民遷入玉井。

到了西元 1717 年，也就是清康熙五十六年，根據廟內的文獻紀錄，有人夜夢帝爺公來示警，表示玉井將有洪水氾濫之災，應該快速遷離避難。不久之後，果然天災降臨。因此，天災過後鄉民們為了感念帝爺公的保佑，開始擇地建新廟，並在新廟內同祀觀音菩薩，最後正式命廟名為「北極殿」。目前廟內保存不少 300 多年來的古物，還包含當年從中國大陸原鄉請進的開基令牌、重建石碑與多方獻匾等，相當珍貴。

北極殿除了廟齡悠久著名外，其建築和雕刻藝術也在臺灣的廟宇藝術中占有一席之地。其中簷頂上的剪黏，燕尾翹、繁複絢麗；而廟內的「龍魚雀替」，採龍頭魚身造型，雕工精細、讓人看得嘖嘖稱奇！我記得之前在廣東做文化交流時，曾經參訪過當地的建築木雕藝術，當時就被這個又稱「梁角花」、「托木」，為了加固在立柱與橫樑交角處的傳統建築構件，古代傳統建築藝術裡的「雀替」工藝技術很感興趣（雀替發展於北魏時期，明、清時達到鼎盛，成為傳統建築中具有功能性和藝術性的重要建築構件）。不過，當時所看到的都是純木顏色，而在玉井北極殿裡所看到的，則是色彩斑斕更為靈活生動。此外，透過瞭解，才知道原來龍頭魚身的造型是來自「鰲魚」，而在傳說故事裡，鰲魚生性好吞火舌，傳統的木造建築最怕火舌之吻，因此雕在雀替上，民間深信可以避開火神之擾！好生有趣。

至於在廟宇硬體的雕刻建築藝術上，玉井的北極殿還有一個很有趣的地方，就是在廟前

方有個「憨番扛廟角」的特色雕刻造型，這也是臺灣廟宇中最讓人會心一笑的特殊藝術。多年來，憨番扛廟角也好，憨番扛大杉也罷，由來和說法眾多，不過站在宗教的立場，大多會選用道教中的「金剛力士」捍衛廟宇安全為主要說詞。然而回到地方仕紳的說法，則是 180度大大的不同，其實還帶有些揶揄和發洩用意存在！原來相傳在荷蘭統治臺灣期間，為了表達對於荷蘭人的暴取豪奪，雖然心生不滿不敢直接抗爭，於是藉助廟宇興建時，將金剛力士的造型改用荷蘭人外貌成為「憨番」，並且安置在廟角或大楔承重，要他們夜以繼日的為我們的信仰扛著屋樑，或廟角，罰他們一輩子為我們的文化扛重物當奴隸，要他們永不翻身，以洩心頭之恨。雖然聽起來故事是有趣，廟方人員也說明，這造型要博得大眾的滿堂彩，又要在結構上的功能性上，還有視覺的美感上取的平衡，其實並不容易。特別是要展現出負重的力與美，又要活靈活現生動有趣，對於製作的師傅來說，還是一大挑戰啊！

Information
玉井北極殿
🏠 臺南市玉井區中正路 102 號
☎ (06) 574-3788

柔軟時光的白色約定

　　「If you build it, he will come」這是 1989 年，由好萊塢巨星凱文科斯納所主演的票房電影「夢幻成真 (Field of Dreams)」裡的經典臺詞。而這句話，也成了後來鼓勵大家築夢踏實的勉勵金句。而當我第一次在電視新聞上面看見玉井「白色教堂」造成交通癱瘓的新聞時，我的腦海裡，正浮現出這一句話。

　　幾年後，來到玉井層林里的白色教堂，人潮散去了，在藍天的襯托下，更顯出它的聖潔和美麗。特別是當我走入教堂，偶爾，光影在透明的落地窗上晃動；偶爾，被白色懷抱的玫瑰花窗，在陽光的舞動下，閃著如聖誕卡片上的繽紛色彩。就坐在無人的白色長板凳上，寧靜又溫柔，而耳朵裡也彷彿會自帶音樂般，響起了喜歡的「李斯特」浪漫樂音，好生享受。此時，我轉身和友人說：「還好，現在沒人！」只見友人的嘴角微揚，淡淡地一笑，一切盡在不言中。

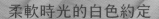

白色教堂

詢問園方，才知道這白色教堂其實是誤打誤撞的美麗誤會。拜臺灣這幾年的歐風景觀熱潮所賜，再加上網紅打卡點的盛行，白色教堂雖然位處交通不算便利，而且是芒果果園圍繞的玉井山裡，但是一落成，透過攝影好手們在網路上展現出一張張美麗純潔的照片，很快的，就在新時代媒體管道中宣傳開來，大批慕名前來的遊客便如海浪般一波波的湧入。其實，主人一開始只是單純的想在退休後打造一座自己喜歡和具有紀念性的休閒園區。特別是主人的父母都是很虔誠的基督教徒，為了紀念父母而打造了這座白色教堂，還用父母的名字各取一個單字命名為「英生堂」。當初也並沒有要當成觀光景點設置，只是後來大受各種媒體及遊客們的歡迎，就真的如凱文科斯納所主演的票房電影「夢幻成真」裡的臺詞般「If you build it, he will come」，我們打造了，遊客們就來了。而且連婚紗攝影業者也紛紛來到了這裡拍攝，甚至有雜誌媒體把這裡票選為臺灣前三名的婚紗拍照勝地。

剛開始的時候真的是天天人聲鼎沸。雖然熱鬧，雖然名聲響亮，但是過多的遊客也造成了交通上的問題，更釀成附近單純農家生活的困擾，於是只有暫時關閉，重新思考，重新規劃，重新定位後再開放、再出發。

目前園區除了白色教堂外，園區還有座小湖，旁邊設有木馬觀景區、泡茶休憩區，整個地勢居高臨下，綠意環繞，而且湖畔景致有詩意，再加上主人的私人別院在旁，乍看下還真有遺世桃花源秘境的感覺。園方觀察目前臺灣的風景區，大都是讓遊客在造訪的時候能馬上觸動很激動的情緒，總覺得不應該只是一個樣貌而已。因此，在決定改以收費入園的方式重新開放後，覺得臺灣也應該向日本一樣，擁有多元不同的休閒方式和景區，所以呼應白色教堂的幽靜，營造一個讓人可以沉靜下來的感受空間，在其他的設計和設施上盡量樸實無華，讓遊客入園後可以暫時脫離繁忙的日常生活，沉靜地感受時間的流動，也進而思考一下自己和未來，人和土地，還有不同生活的價值。

　　至於主人的母親早年在日本學習服裝設計，從小的生活中便充滿了日本的事物和食物文化，因此特別喜歡日本的侘寂意境，也在園區中設置了三千院日式餐廳、侘寂草堂和布丁工坊等相關餐飲設施。此外，更在園區內的魔法森林餐廳旁搭建了 12 公尺高、長度約 40 米的「天空步道」，滿足不同族群遊客的需求。

　　說真的，來到這裡，一口嚐著滑嫩可口的**布丁**，再望著有如柔軟時光般的綠光詩意，享受著涼風徐徐的舒服，完全就是一幅「好地方真的不會寂寞」的畫面啊！好生愜意。

Information

🏠 臺南市玉井區層林里 1 之 7 號

☎ (06) 574-9300

🕘 09:00~18:00 最後售票時間為 17:00
　（週一休園；連假及春節除外）

✒ 門票 NT$150（可抵 100 元飲食消費）

芒果園山丘的京都味

「你好，我是佳玲，對，就是最近很受到歡迎的佳玲！」這是隱田山房餐廳老闆娘的開場白。

隨著新冠肺炎疫情的關係，這兩年全球大封鎖，許多人都生活在無法出門的夢魘中，而臺灣因為大家在防疫上配合的好，指揮中心的「確診+0」，一度成為全臺最關心，也是最鼓舞人心的熱門話題！當然，以臺南人為故事主角的電視劇「俗女養成記」，不但成為近年來收視率狂飆的話題臺劇，更是摘下金鐘獎的殊榮，連帶的，劇中女主角「嘉玲」，也成為人氣最旺的名字。因此，當隱田山房餐廳老闆娘用自己的名字和話題時事連結一起的巧思，馬上就拉進了距離，也讓人很輕鬆自然的展開一場美好的午餐約會。

要怎麼定位隱田山房餐廳呢？這是個值得深思的問題。如果你就以餐廳的空間風格，很容易把它歸類在日系的餐廳中。然而要是以餐飲的特色來看，他們有日式火鍋，有韓式拌飯，也有在地食材為主的「紫蘇梅子雞」，老實說，很難用一個名詞去定義它！不過，老闆娘佳玲其實也沒有要很清楚的把自己放在一個「框架」裡。「反正食材最主要的特色就是要跟在地的小農串連，希望來到這裡的客人，都能夠享受到在地小農食材的美好。至於日式、韓式或是臺式？這些不過是烹飪的技法，也是讓食材變得有趣的魔法，所以風格類別並不重要，好吃的食物和享受的時光，這才是最重要的！不是嗎？」我邊吃著來自梅嶺的紫蘇梅子雞，邊同意的點頭如搗蒜。

當然，要在玉井的層林里這個交通不算便利，而且四周都是芒果園的地方開餐廳，確實是一件讓人好奇的事？畢竟現在隔壁的「白色教堂」名聲響亮，要網路查詢或是導航定位，都還算是方便。可是在 2012 年剛開幕的時候，單是食材要運送都不簡單，更何況要吸引客人上門呢？再說，老闆娘佳玲是臺南市中西區的人，也不算是在地返鄉創業，選擇這裡的原因是什麼呢？我的腦海中浮現了好多的問號？直到佳玲看著窗外的景致，我剛好順勢看過去，就看見一對小鳥在窗外的樹枝上開心的跳躍著，突然間我懂了，是「環境」，然後看見佳玲回頭看著我，臉上掛上了滿足的笑容。

原來做了 15 年咖啡輕食事業的老闆娘，原本準備退休了，因緣際會來到了這裡，純樸的環境不止吸引了她，更像是在向她呼喊和招手。於是一股腦地停止了退休的計畫，馬上就投入了隱田山房餐廳的經營工作。

只是，任何的事業並沒有掛保證的經營模式，當初成功的咖啡輕食事業，來到玉井，民風淳樸，單是想要跟他們地方小農合作都要歷經無數的溝通再溝通，更何況要大興土木蓋餐廳，而且還是與日本京都呼應的風格呢？還好，在無數的努力和在地員工的協助參與下，隱田山房餐廳漸漸取得各方面的認同。特別是有許多客人們都給予不錯的口碑回饋，即便是疫情最辛苦的時候，他們所推出的餐盒也依舊能受到客人們的支持。更重要的是，員工的向心力和共體時艱，為了不造成餐廳的負擔還有給予更需要工作的年輕人們機會，店內 60 歲的老員工自願讓班給年輕工作人員，讓她一直感念在心。

離去前，佳玲還特別說：「士凱，這裡夏天的蝴蝶處處飛舞，非常美麗，一定要再來感受一下喔！」我笑了笑回說：「我記下來了，一定要再來的。」

是啊，花若芬芳，蝴蝶自來！不是嗎？

Information

隱田山房

🏠 臺南市玉井區層林里 10 號

☎ (06)574-9699

🕐 11:00~18:00（週一店休）

嚴選滋味
Locals Matter

水果為了延伸生命的價值,必須要華麗轉身!

　　我必須承認,過去這些年,因為我自己是「泰國之友(Friends of Thailand)」國際貢獻獎觀光大使的關係,對於泰國的飲食文化和農產做了不少深入的研究,因此在推廣上,我也常常推薦泰國的「水果乾」製品。後來,有朋友們問我為什麼不推薦臺灣的水果乾製品呢?老實說,我還真的不太清楚臺灣的水果乾產業,也很少有機會接觸優質值得推薦的產品,所以很難「刻意」推薦。再加上,臺灣一向在國際上打出的是「新鮮優質水果王國」的稱號,有了品質好的新鮮水果,理所當然的就不會注意到果乾的產業了!直到有一回,我到了臺南旅遊,友人心心念念一直尋找「盛發商號」果乾,還豪氣地送了我幾包果乾產品當伴手禮。就在和家人共享時,才第一回意識到臺灣的水果乾品質真好。特別是他們家的芒果和紅心芭樂果乾,後來經常成為我到泰國、日本和大陸做文化交流時,必備的「臺灣滋味」交流禮品,而且甚受歡迎啊!

經過了幾回的臺南造訪，才清楚的破解了幾個盲點，無論是新鮮水果或是果乾製造，絕對會有許多我們意想不到的故事啊！首先，「會製成果乾的水果原料，基本上是有瑕疵的次級品或是問題水果？如果你還是這麼認為，那就大錯特錯了！根據盛發商號的說法，某個層面來說，要製成果乾的水果，在原始食材的挑選上要更為嚴苛些。因為如果使用瑕疵的水果原料，會有相互感染的問題，這是製造果乾的第一個大忌！此外，隨著時代的改變，果乾製成的方法也在改變，特別是現在的養生風潮和自然甜味口感盛行，如果要不加糖和不使用人工添加物的製法，跟時間賽跑則是關鍵。而且除了跟採收時間賽跑，還要跟溫度變化賽跑，每個環節都要精準環環相扣，很不簡單。

跟著盛發商號的工作人員走一趟他們的工廠，聽了故事，才知道這一切的美味，都是因為「阿嬤」的無心插柳和堅持而開始的。原來在阿嬤那個年代的果農或是水果商，為了延長水果的壽命和價值，幾乎都要會製作蜜餞和果乾的手藝。

而製作這種傳統式蜜餞和果乾，風味要好的秘訣在「三好」，也就是水果原材料好、糖好和鹽好，這三好，缺一不可。阿嬤在自家小雜貨鋪上販售自製的傳統式蜜餞和果乾，沒想到因為三好堅持的產品大受歡迎，讓原本只是貼補家用的蜜餞和果乾漸漸取代了生活的重心。

只是生活在玉井，從小避免不了，就是看盡果農們的心酸。這天氣不好也愁，天氣太好也愁；收成不佳也難過，收成太好，連帶價格崩盤，看著一嘖嘖好好的芒果倒掉，更難過！因此，把部分水果做成蜜餞和果乾，讓他們的生命華麗轉身再延續，而且還開拓了新市場，彷彿成了上天送給阿嬤和盛發家族們傳承的使命。於是，阿嬤的小雜貨鋪漸漸成了附帶的招牌，背後龐大的蜜餞和果乾生意，才是他們家的主業。根據他們的說法，盛發商號後來協助玉井鄉果農將二級的芒果做多元化轉型和促銷，增加自家產品的量產外，更重要的是讓地方小農的收入增加和穩定，也提供消費者在非產期照樣能品嚐芒果及其他水果華麗轉身的美味。在盛發食品發展的第二個階段時期，旺季時，單是每天手工削出的芒果便高達一萬斤之多，相當驚人！

不知道是不是因為他們已經深根臺灣果乾市場 50 年之久，而且現在已經傳承到第三代的手中，生產線更是完全現代化製造，還獲得許多食品消費金牌獎等殊榮，突然讓自己覺得以前實在是太孤陋寡聞了啊！直到閒聊中聽到了「海霸王」餐廳當年風靡全臺的「芒果青」，就是由他們負責製作的，我整個人差點跳起來！沒想到我年輕時候最愛的微酸滋味，就是從這裡生產的。原來在數十年前盛發商號的產品就已經征服過我的味蕾啊！這個意外的緣分，也太有趣了。

Information
盛發食品 - 玉井盛發芒果乾
🏠 臺南市玉井區中正路 50 號
☎ (06)574-2932
🕐 09:00~20:00

上癮臺灣味，不思議的義式冰淇淋

當年輕的老闆介紹說：「這才是我們家的招牌口味！」當下，我有些愣住了。因為我們所在的位置是臺灣以芒果最為出名的臺南玉井老街，結果老闆的手略過愛文芒果口味，直指角落的「蛋黃酥」口味，我有些錯亂，有些無語。直到我親嚐第一口蛋黃酥口味的義式冰淇淋，我馬上睜大雙眼和友人對望。這嘴裡的「滋味」實在是太奇妙了啊！

沒錯，這味蕾上微微的鹹香，就是我們平日所熟悉的蛋黃酥滋味。而且，就連那蛋黃金沙和烘烤餅皮的層次，我都能清楚地感受到。更重要的是，它不會過膩，那口感，又是冰涼帶綿密細緻又有韌勁的義式冰淇淋，而且還是質地做得很好的義式冰淇淋。就那麼一口，它就輕易地擄掠我那挑剔的舌尖，也清楚的明瞭這口味為什麼會成為他們的招牌！我在驚艷之餘，馬上和我家身為西班牙料理主廚的姪女分享。

就當這款蛋黃酥口味的義式冰淇淋宅配到的新竹老家時，不但讓姪女嘖嘖稱奇外，霎時成了家人之間熱論的話題。誰會想到，蛋黃酥上義式冰淇淋，看似衝突，卻又綻放出如此不議的光芒，讓人好生驚喜。

老實說，這場在玉井老街上意外的味蕾緣外還真的要感謝同行友人的推薦。畢竟，來到玉老街，在那一長串的芒果冰招牌下，每一家都施展著芒果的黃色魔法，很難不被芒果冰的高名度所誘惑。一個不注意，就很容易錯過了其美味的存在。更不用說，這家以文青風格為主「光芒果子·小旅行」，內斂不張揚的風格，一排大剌剌外放又直觀的芒果冰店叢林中，實很容易被錯過啊！還好，套句現代潮流的說法好的東西會自帶光芒，會遇見知音人！而光芒子的義式冰淇淋，也許不是第一眼就被看見，是那美好和獨具特色的滋味，終究會遇見懂賞的舌尖，讓美好和有巧思的滋味被更多的知人發現和讚賞的！

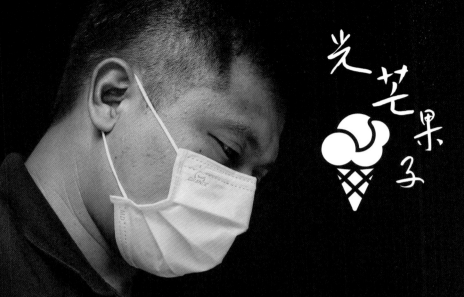

光芒果子

就如同這間小店給人的感覺一樣，有質感的低調。主人是一對返鄉青年江健智先生和林巧麗小姐，原本學的是傳播藝術，有自己的想法，也有自己的堅持，自 2013 年開幕以來，默默地在玉井老街上為自己的夢想努力著。然而，這裡是玉井，是臺灣芒果冰之鄉，一般人來到玉井也只會想到芒果冰，想要有不同的創新，就要面對逆流而上的無限挑戰。當我一邊品嚐著讓自己歡喜不已的義式冰淇淋，一邊看著男主人江健智在製冰時專注的神情，再想起他們剛剛在聊的簡單創業過程，話雖然說的不多，故事也低調帶過，轉身不經意看見女老闆林巧麗望著男老闆肩膀的目光，我清楚的知道，這條路上他們的孤獨和不放棄，並不是一般人所能理解的！唯有在看見和聽到客人們的讚賞時，退一步將自己隱身在店內微弱的光影下，才可以彼此相望，嘴角微微一笑，一切盡在不言中。

我從不諱言自己的嘴很刁。在過去的二十年美食旅遊寫作生涯裡，一直秉持著「要吃過最好的，才知道什麼是最好的！」信念。從美式冰淇淋、日式霜淇淋到義式冰淇淋（Gelato），從來沒有少嚐過，甚至連牛奶的牧場還特別去參訪過。我清楚的知道每個地域性飲食文化和風土的差異，更明白走出自己特色的重要性和難度！因此，我很願意告訴兩位老闆，這裡的義式冰淇淋絕對是我認為臺灣最好吃的前三名義式冰淇淋之一！當然，除了他們重金添購世界冰淇淋大賽指定機器「義大利BRAVO冰淇淋機器」，和純熟的製冰技法外，最重要的是，他們所選用的食材均是臺灣、臺南在地嚴選的鮮果，讓這些在地水果在義式冰淇淋上面展現出獨特又讓人自豪的迷人美味。

　　「我阿公是果農，爸爸為了守著阿公留下來的老欉，雖然正職是郵差，下班後則是業餘果農，我店內的芒果冰淇淋以及果乾，都是自家生產的！」江健智先生如此說。

　　返鄉青年，說穿了，從來都是一個美麗又模糊的稱謂。每個人返鄉的理由都不一樣，也不一定所有的青年都如同電視或是媒體裡報導的那樣理想崇高和亮麗。而對於江健智先生來說，如果返鄉是必然的，那要如何守護家人？又要如何讓自己心安理得？這才是最真實和重要的事。所以，家鄉在玉井，家裡有芒果園，先天的優勢有了，再加上自己學的是傳播藝術，創意和美學的後天優勢也有了，重疊整合後，「光芒果子・小旅行」的藍圖就浮現了。

　　而接下來的多年實戰演練中，從早期霜淇淋的侷限性中釋放，轉型滋味更多元奔放的義式冰淇淋，加入更多本土優勢的在地鮮果原味，再因應時尚和自然飲食新理念，捨去人工色素，採取天然原色，降低牛奶與鮮奶油的含量和低糖等創意作法，讓食材回歸主角，也讓「熟悉」華麗轉身成為「獨特」。當一款款別具特色的口味出現，迎來一道道讚美的喝采後，真正屬於江健智先生的返鄉之夢，也才在多年後一步步清晰可見。

誠如老闆娘林巧麗小姐說的：「透過義式冰淇淋工法將更多在地常見的食材做成有趣的冰淇淋口味，這是我們尋夢的第一步。讓更多人認識我們，成為大家會想大老遠帶親友來玉井吃的店，是築夢踏實的第二步。至於未來，雖然白話和肉麻了些，但是它確實是我們的心聲。我們是玉井的純在地品牌，老闆目前沒有離開的念頭，所以這家店只會在玉井發光發熱，希望大家會為了追逐這道光而來！」

面對臺灣的自有品牌或是正在逐夢的朋友們，我最常送給他們的一句話就是：「夢想不怕遠大，最怕的是連作夢的勇氣都沒有！」雖然在玉井芒果冰的巨大光芒下，「光芒果子・小旅行」義式冰淇淋現在只是一道正在發射的年輕之光，然而我深深地相信著，在臺灣芒果、紅心芭樂、荔枝、檸檬百香果和臺灣啤酒等優勢食材的加持下，這道年輕之光的光束，絕對會越來越強勁的。至少，你們已經收服了我味蕾、我的心。

Information

光芒果子・小旅行 義式冰淇淋

🏠 臺南市玉井區中正路 103 號
☎ (06)574-3999
🕐 11:00~18:00（週一店休）

檸檬雞

要有幸運加持才能吃得到的檸檬雞

我們的車子在臺南的山區穿梭，在平常的日子裡，這產業道路上往來的車子其實不多，反而讓我注意到一件事，在路邊上販售「桶仔雞」或「甕窯雞」的店家還真不少！也許是與生俱來的旅遊好奇心使然，每經過一家，都在思考，為什麼他們都聚集在這條路上呢？而越想，越讓人好奇它的滋味如何？最後抵不住好奇心轉身向在地友人發問，哪家最推薦呢？只見友人思索了一下回說：「如果只是嚐嚐，哪一家都可以的。我們這邊的農場多，雞也養的多，品質都不差。但是你要好吃的，有特色的，那只有一個選擇，就是「宮仔」的檸檬雞！不過，他的生意太好，不一定吃得到喔！」就這樣，我們臨時動議，就開車直朝宮仔的檸檬雞前去，也測試一下我們的運氣如何？

位於三角叉路口的「宮仔檸檬雞」，店的招牌亮眼並不易錯過。就在我們點完烤雞後，轉身聽見老闆娘接起電話後說道：「不好意思，我們的檸檬雞剛剛賣完了！」我和友人們相視一笑，確認了我們是幸運的人！

而不久後上桌的這一隻烤雞，乍看之下和一般的甕仔雞外型差不多，看得出老闆在火候的掌控還不錯，特別是雞皮的色澤油亮，那金黃酥脆的口感，還不用入口嚐，單是用雙眼瞧著，便能夠清楚的感受到那份可以期待的滋味。

接著，我的雙手一撕，陣陣的檸檬香氣和肉香撲鼻而來，馬上讓人為之亮眼。待一口咬下，外層的雞皮香脆，內層的雞肉柔軟又具彈性，而且還多汁，單是原味的檸檬雞肉就讓我驚艷不已，沾了些椒鹽後再嚐，又多了一層滋味，讓人好生陶醉。這時候老闆娘特別端了一碗「筍絲雞湯」上桌，還仔細交代這是她家的隱藏版私房味，一定要嚐嚐。只是，這筍絲雞湯的賣相並不算佳，讓我先入為主的有些小抗拒。直到我嚐了一口後，哎呀呀，這湯頭鮮美，還有淡淡地檸檬香和微酸滋味。不但不油膩，正確的說來它很清爽外，再加上烤雞肉的肉汁和筍絲，口感層次非常豐富，讓人一喝上癮啊！

老實說，臺灣這些年的桶仔雞或甕窯雞的烤雞文化相當蓬勃，許多的產業道路旁經常可見木柴高疊、雄雄烈火、磚窯爐灶、或特製桶仔火爐的場景。

而在大火逼出皮下油脂，並輔以中火烘烤，最後以小火悶烤的基礎烤雞技法下，一隻隻上桌或外帶的烤雞，有著濃濃的烤雞鄉土味並不難，難就難在如何有「差異化」和「特色記憶點」？因此，有人在柴火上下功夫，讓烤雞帶有不同的燻木香氣；有人則在爐子上玩花樣，藉助電子、瓦斯、強化爐等不同的器具，在火力上改變雞肉的熟成風味。宮仔檸檬雞的老闆娘則帶些害羞的說：「我們很簡單啦！就老闆自己愛吃甕仔雞，一邊也把烤雞當成自己的樂趣在研究，最後乾脆出來賣賣看，然後大家不嫌棄，我們一賣就12年了！」

老闆娘雖然說得簡單和客氣，然而仔細一聊，魔鬼藏在細節裡，這檸檬雞看似基礎的東西，轉個身，學問就變大了啊！首先，他們家的甕窯選擇中型爐，熱力和熱氣在甕窯內的狀況比較容易掌控。烤雞最怕的就是窯內熱力不均勻，時間稍稍不注意，雞皮就容意易過焦，而雞肉肉汁一流失，肉乾了、柴了，就會大大影響口感和滋味；而堆積如山的柴火，曬太陽保持乾燥，則是鄉土味烤雞的風味基礎。

至於「檸檬雞」的差異化和特色記憶點，當然就在土雞肚內塞入的那一包「檸檬葉」是最主要的元素啦！至於茄冬葉、檸檬葉及檸檬的比例，則是成就宮仔檸檬雞獨特美味的決勝關鍵。

此外，老闆娘還特別的強調，烤雞要好吃，燒烤的技法和特色風味很重要外，雞肉本身也是另一個不能忽視的重要元素。還好玉井這附近的農場多，放山雞的品質也很好，只要把握每日現宰、現送的新鮮溫體雞肉原則，雞肉的美味就掌握一半以上啦！這倒是，原始食材的質地，一向是左右口感好壞的重要先天優勢，這點，也是老天爺送給臺南人的絕對優勢。

至於為什麼店名叫「宮仔」呢？老闆娘笑笑的說：「老闆叫做黃榮宮啦！」

Information

宮仔檸檬雞

🏠 臺南市玉井區口豐里 60-23 號

☎ (06) 574-5059

🕐 週三至周五 11:00～18:00
　 週六、周日 10:30～18:00
　（週一及週二店休）

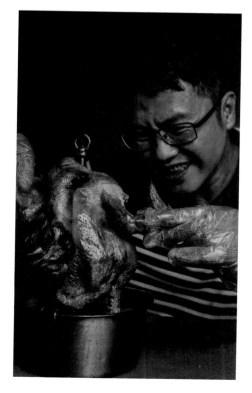

這滋味，在地人說了算！

民宿的林大哥說：「我們玉井人，早上如果不在家裡吃，就是去老牛伯豬血店買個米粉配豬血湯，又或是到阿男店裡吃碗飯湯。很樸實，也很經濟實惠啦！」就這樣，我們跟著在地人的味蕾走，來到了位於玉井老街北極殿旁巷子裡，遠遠就看見許多的在地人在老牛伯豬血店前快速的點了份餐，也快速的離開，就看見店家阿姨好忙、好忙。還好，旁邊年輕新生代，默默地接手點單、包裝、算帳，一家人不多話，很忙碌，感受的到玉井在地人真的很喜歡這家店。

我要了一份在地人的標配，米粉、豬血湯，以及一份豬肺粿和粉腸的綜合切盤，當第一口米粉入口時，很意外的，這米粉的味道和口感跟我新竹家鄉的口感很像，讓我馬上有種古早味歸屬感，好生歡喜。此外，豬血湯裡頭的主角豬血，質感好，處理的也好，吃起來綿密帶有滑嫩的口感，讓人很讚同為什麼他們是玉井最有代表性的豬血湯店了！不過，最後讓我最驚艷的，還是他們家的「豬肺粿」了！

老實說，這是我第一次吃豬肺粿。因為在我的記憶中，吃豬肺，那已經是非常遙遠的事了！然而眼前的豬肺粿一入口，軟中帶脆的口感，完全沒有豬肺該有的口感和味道，這點著實讓我訝異，也完全無法和豬肺連結一起！這豬肺粿實在太令人好奇，只好等到老闆稍微有空的時候，好好的聊聊研究一下。

原來老牛伯豬血店的創始主人是人稱老牛伯仔的洪春生先生。戰後 1946 年的時候，當時他以「豬砧」殺豬為業，在愛物惜物的純樸個性下，每天都會將店內豬血帶回家，然後煮成熱騰騰的新鮮豬血湯。後來，因為這豬血湯的滋味很受到親友們的喜歡，乾脆在舊市場裡擺設攤位販賣，沒想到好滋味的豬血湯靠著口耳相傳的方式，漸漸得到玉井在地鄉親們的喜愛。並且在鄉親們的建議下，開始增添炒米粉、炒麵、魚羹等其他不同的小吃品項，慢慢地，不但受到玉井人的喜愛，更成為他們日常生活的一餐。如今一晃眼就開業 70 多年，而且傳承到了第三代。

而說到豬肺粿製作，才發現它的學問大，而且相當的耗時。首先，健康無病的豬肺是基本要件。接著洗清後要再用大量的水不斷的灌水沖洗，最後到豬肺呈現泛白為止，單是這一個動作便相當耗時費力，最後灌入地瓜粉和其他配料調合的粉漿煮熟後，便將一般人不太食用的豬肺化腐朽為神奇，成為玉井最愛吃的超人氣在地美食豬肺粿，相當不簡單。

Information

老牛伯豬血店

🏠 臺南市玉井區中正路 100 巷 30 號

☎ (06) 574-3521

🕐 平日 06:00~13:00（週三及週日店休）
　　週六 06:00~12:30

另一個也是在地人從小吃到大的家鄉好滋味，則是外地人很容易錯過，在地人不需要招牌也能摸黑找到的「阿南飯湯」！

每天凌晨4點開始備料，5點開始開賣的老闆賴志南先生說「我們這裡早期大部分是農民啦，一早出門工作要先吃飽才有力氣。還有，農民都是看天吃飯，時間很寶貴，沒時間慢慢吃，慢慢上餐。所以，很多人一來就是叫了一碗湯，再加上一碗白飯，拌在一起，一下子就吃飽飽的一頓，帽子一戴，就可以去工作了！」這倒是，一方水土養一方人，飲食文化往往就是最忠實呈現一方土地上的生活。這裡的生活單純，一早的這碗飯湯，有虱目魚魚皮的油質和蛋白質，還有蚵仔的鋅，以及肉絲、蔥花的香氣，雖然簡單，也是滋味滿滿。讓我想起了韓國順天地區的「湯飯」，也是有著雷同的生活背景，也同樣孕育了差不多的飲食文化。然而這看似平凡的一碗米食，滋味往往不輸大城市那華麗的一餐啊！因為這飯湯所乘載的人文溫度，是他人永遠模仿不來的玉井生活味。

Information

阿南飯湯

🏠 臺南市玉井區富強街3號

☎ (06) 574-5674

🕐 05:00~12:30

阿南飯湯

至於眼前這 7 種辣椒醬料，看得我眼花撩亂，根本不知道該如何下手的「我愛麵仔 (原二空涼麵)」，則是在地人口中另一味不能錯過的特色玉井美食。我也必需承認，這碗涼麵真的很特別，因為我一接手後，看見碗裡的涼麵上有著「碎冰」散落，著實讓我很驚喜和好奇？而透過現任的老闆娘來自印尼的陳秋婉小姐說明，才知道原來臺南玉井的夏天真的很熱，明明做的是涼麵，但是一上桌後很快就不涼，而且麵體還帶溫溫的口感。於是突發奇想，乾脆把涼麵的醬料先冰起來，然後將半退冰的醬料在上桌前淋在涼麵上，不但能保冰、保涼，而且還能增加口感的層次。就這樣誤打誤撞，創造出新吃法，新口感，也意外的刮起了話題旋風。

我喜歡他們的芝麻醬香和黃瓜絲、豆芽菜的組合。不過，最畫龍點睛的，還是依照自己口味去調整的辣椒備料！老闆娘說：「我自己喜歡吃辣，再加上又是印尼人，東南亞的辣椒味道和臺灣的不同，所以我調了 7 種不同的辣椒，有麻辣、有酸甜辣、還有山葵嗆辣等，讓大家做組合選擇。畢竟是自己在吃的味道，要和自己喜歡的滋味對味，才是最重要的！」這點，我非常同意。當下就調了一碗我自己喜歡的辣度涼麵，在熱情的玉井，辣得過癮和爽快，讓人好生享受啊！

仔細看了一下店內牆上的涼麵故事，才發現涼麵的背後還有一段溫暖的故事。原來這間店面是要出租給電玩業者，但是對面教堂的李神父認為這樣會影響這裡的社會風氣，畢竟教堂往來許多小朋友們，在教育上並不妥當。於是，先將店面承租下來，再把自家家傳的眷村涼麵拿出來賣，更把這涼麵店和社區弱勢關懷整合一起，漸漸的，這家涼麵受到了玉井在地的歡迎外，還聲名遠播。原本這家店以自家的「二空涼麵」命名，後來神父的暖心故事更受到大家的關注，因此，「神父涼麵」反而更成為大家所熟悉的代名詞了！目前神父雖然離開了玉井，涼麵店則由陳秋婉小姐繼續經營，而且繼續傳遞神父的家鄉涼麵、麻辣鴨血等，令人暖心的滋味。

至於二空涼麵這個聽起來有些熟悉的名字，沒錯，就是來自臺南二空新村飄香 60 年的知名「洪記涼麵」。神父出身於張媽媽族下，手藝傳承自臺南張家涼麵的美好滋味。

Information
玉井我愛麵仔 (原二空涼麵)
🏠 臺南市玉井區中華路 125 號
☎ (06) 574-1411
🕐 11:00~18:00

那一夜，我們相遇旅行的奇異恩典

那一個晚上，民宿主人林智勇大哥準備了一桌的茶點和臺茶 18 號，以及一盤香甜凱特芒果。而這盤凱特芒果的出現，讓我和友人相視一笑。因為我們在入住時，簡單的和林大哥聊了一下這回的玉井之行，可能剛好是芒果季的尾端，吃到的凱特芒果均不若預期的品質和口感。只見當時的林大哥淺淺地笑了笑。沒想到夜幕低垂，我們再回到民宿時，林大哥便貼心的準備好一盤口感香甜的優質凱特芒果，彷彿在告訴我們：「玉井的芒果從來都不會讓人失望的！」而這份細心，暖暖的驚喜，讓我們悄悄地就把心留了下來。

還記得剛抵達民宿的第一個印象，帶有濃郁美式餐廳風格的一樓，在玉井這個地方出現，老實說讓人的錯覺感有點大。而牆上大型帶有原住民色彩的掛畫以及一排的吉他，覺得每一個角落裡彷彿都藏著有趣的故事挑動著我那好奇的心。而當我準備上樓，發現在樓梯旁竟然有「樓梯升降椅」的設備，我想，這應該是我在臺灣第一回看到有這個設備的民宿，對於行動較不便的住客來說，不啻是一個難能可貴的善舉，如此之貼心，著實不簡單啊！

我們邊用茶點，邊聊著民宿的故事，才知道這裡真正轉為民宿經營也不過是近幾年的事（2019 年正式營業）。而在民宿之前，這裡是西式餐廳，從 2003 年開始，便是林大哥夫婦倆的築夢的恩典之家。當然，這樣的風格民宿也好，西式餐廳也罷，在玉井這個很傳統的芒果之鄉，老實說，它從來都不是一件簡單的事。聽著林大哥如何經歷 SARS、金融海嘯，再如何從南科的研發員回歸中藥行家族企業，最後逐夢踏實的打造這一間又是餐廳、又是民宿的故事，只能說臺灣人近幾年常愛說的一句話「臺灣最美麗的風景是人」，在這樣的夜晚，這樣的氛圍下，演繹的剛剛好。

都說了高手在民間。這夜的上半場是人生故事的恩典分享，到了下半場，我們從東方的茶韻之美，轉往了西方的咖啡詩意。林大哥把燈光稍微調暗了些，再挑張他喜愛的 CD 唱片，從質感不錯的音響中飄出了爵士樂音的優雅，而轉個身，吧檯的虹吸咖啡壺也緩緩飄出了藍山咖啡的香氣，就這樣，我們開始聊起了音樂，談起了藝術，也解析了他們家的房間風格是如何染上了美國舊金山的氣息。

最後拗不過我們的請求，林大哥拿起了吉他，自彈自唱了起來。

是吧！這是我儲存在記憶底的印象。所謂的「民宿」，之所以不同於飯店或旅店，除了提供沒有距離感的住宿服務外，最迷人的特色，就應該是主人的個性和故事。然而二十年過去了，除了早期還能感動這樣氛圍和人情味的「宿之旅」外，臺灣民宿的本質早已經隨著時代而淹沒在一般旅店的廣義裡。

這回能在玉井遇上這樣依舊保純真信念和溫度的民宿，就如同自己常說的一句話，「旅行，真好。因為旅行，讓我遇見緣分；也因為旅行，讓美妙的緣分，遇見我，豐富了我的視野和生命。」旅行，是上天送給我們的奇異恩典啊！

恩典之家

Information

恩典之家民宿

🏠 臺南市玉井區民生路 355 號

☎ 0926-351796

旅玩推薦行程

1日輕旅行-慢慢玩

左鎮
二寮日出

新化
新化老街
牛肉湯、煎粿
欣賞巴洛克式建築

新化
武德殿
大正十一・日式宿舍群
真心乳液飲品
手作DIY

玉井
白色教堂x三千院
午餐-懷石料理

2日繽紛旅-好好玩
推薦路線 A

Day 1

官田
葫蘆埤自然公園
菱角田美景

官田
官田遊客中心
愜意漫步
草原野餐趣午餐

新化
瓜瓜園地瓜生態故事館

新化
楊逵文學館
湛露工作室
絞胎瓷盤DIY
大目降文化園區
武德殿

住宿

新化
5 Bar
深夜美食

新化
街役場古蹟餐坊
午餐

新化
漫步大正十一・日式宿舍
真心乳液飲品
手作DIY

Enjoy your trip!

玉井·市區
午後甜點
熱情小子芒果冰館
光芒果子·小旅行
(義大利冰淇淋)

山上
花園水道博物館x水道咖啡
下午茶、文青散散步

Day 2

新化
新化老街
早餐

新化
新化林場
森呼吸

山上
山上花園水道博物館
漫步

賦歸

大內
南瀛天文館

山上
水道咖啡
午餐

2日繽紛旅-好好玩
推薦路線 B

Day 1

南化
南化遊客中心
童趣好風光

玉井
玉井老街
在地美食

玉井
噍吧哖事件紀念園區

住宿

大內
走馬瀨農場

玉井
盛發商號
芒果乾/伴手禮

玉井
隱田山房
午餐

Day 2

早餐

大內
走馬瀨農場
散步趣

山上
山上花園水道博物館
漫步

賦歸

新化
新化老街
美學時光

左鎮
臺南左鎮化石園區

山上
水道咖啡
午餐

合法旅宿查詢

國家圖書館出版品預行編目 (CIP) 資料

遇見西拉雅 繽紛藝境 臺南再發現 / 溫士凱作 . -- 初
版 . -- 臺南市 : 交通部觀光局西拉雅國家風景區管理
處 , 民 110.12
面 ; 公分

ISBN 978-986-531-355-5(平裝)

1. 旅遊 2. 西拉雅國家風景區

733.64   110020879

遇見 Siraya
西拉雅·繽紛藝境
臺南再發現

晨星出版
Morning Star

發 行 人	許主龍
企 劃	施宗泓、林志漢、林貞雅、林宏緯、張麗君
執 行	徐秀金、林佳儀
發 行 機 關	交通部觀光局西拉雅國家風景區管理處
地 址	720 臺南市官田區官田里福田路 99 號
電 話	(06)690-0399
著 作 權 歸 屬	交通部觀光局西拉雅國家風景區管理處
出 版 單 位	晨星出版有限公司
企 劃 編 製	靜好東方事業有限公司
總 監	陳焦勤
總 編	葉力慈
作 者	溫士凱
攝 影	陳耀恩
設 計	陳芊瑜
出 版 年 月	中華民國 110 年 12 月
版 次	初版一刷
定 價	新臺幣 350 元
I S B N	978-986-531-355-5
G P N	1011002167

交通部觀光局
SIRAYA 西拉雅國家風景管理處
Siraya National Scenic Area Administration   廣告